年齢別●保育研究

5歳児の協同的学びと対話的保育

加藤繁美＋秋山麻実
茨城大学教育学部付属幼稚園

HITONARU SHOBOU

もくじ

装幀／山田道弘
装画／おのでらえいこ

はじめに

幼稚園・保育所にとって、五歳児の保育は特別な意味を持ったものと考えられている。なにしろ五歳児の保育は、それぞれの園の保育実践を映す鏡のようなものであり、五歳児の育ちを見れば、その園の保育の質が見えてくると言われるくらいなのである。考えてみればその園で育てようとしてきたものが、五歳児の中に体現されていくわけだから、それはある意味で当然のことなのかもしれない。

実際、五歳児という年齢は、個人の発達においても大きな育ちを見せてくれる時期なのである。たとえばこの時期の発達の特徴を私は、アンリ・ワロンの自我形成論に依拠しながら「自我」と「第二の自我」とをつなぎながら自己決定していく「自己内対話能力」を獲得していく時期と位置づけ、各自が獲得した「自己内対話能力」を基礎に、仲間で目標や価値を共有しながら、協同して活動を展開していく点に五歳児保育の課題があると考えてきた。

つまり、個人のレベルで「自己内対話能力」を獲得した子どもが集団を構成する五歳児の保育実践は、集団で共有した目標や価値に向かって、協同して活動を展開していくことを課題とし、そうした活動を通して子どもたちに、新たな「学び」の世界を開いていくことが重要と考えてきたのである。

ところがこの五歳児の保育が、どうしてもうまくいかないという保育者の悩みが深刻に語られるようになって久しくなる。しかも保育者になりたての新人が、というのではない。経験豊かな保育者たちが、五歳児の保育がうまくいかないと悩んでいるのである。

こうした保育者たちは共通して、子どもたちの「共感性」に問題ありというのだが、私自身はこの問題を、「自己内対話能力」の未形成・歪みの問題としてとらえ、子どもたちの対話能力を基礎にした「人間として生きる力」を、意識的に育てていくことが、今、この社会が子どもたちに果たすべき「子どもへの責任」なのだと考えてきた。

もっとも、実際にはそうした問題をいくら分析してみたところで、それだけで子どもたちを救えるわけではない。あるいはこうした「自己内対話能力」に歪みを持つ子どもたちは、二歳前後の自我形成の弱さを持ちながら五歳まで育ってしまったケースが多いのだが、それでも現実には、そういう弱さを抱えた五歳児たちを、保育実践の力で育て直していかなければならない宿命が、実践に責任を持つ保育者にはある。そして、そうした現実に、五歳児の保育実践がどう応えていくかという点に、まさに五歳児保育を論じる論点が存在しているのである。

本書は、こうした五歳児保育の課題に、子どもの要求から出発した活動を、子ども自身の

「必要性」にもとづきながら発展させ、その過程でそれぞれの子どもの「心地よい背伸び」を保障することで応えようと取り組まれた、一年間の実践を中心に編まれている。

実践に取り組んだのは、茨城大学教育学部附属幼稚園の保育者たち。同園年長担当の保育者たちがまとめた「実践の記録」を、私（加藤）がコメントを加えながら紹介した部分が最初の三章を構成し（一部、実践記録のまま掲載）、第4章は私の同僚である秋山麻実が、保育者との話し合いをもとに「活動を支える保育者の学び」というタイトルで実践を整理した内容になっている。

ただし最初に断っておくが、同園の保育者、秋山、そして私の三者は、これから紹介する実践の意義や内容について、深いレベルで共通認識をもっているわけではない。したがって三者の間には、実践の評価をめぐって、実際には微妙なズレが存在しているのであるが、本書の中ではそうした「差異」をむしろ積極的に受け止めることが重要と考え、特に三者の間で調整したりはしていない。

なお、茨城大学教育学部附属幼稚園では、二〇〇三年度から三年計画で「『見つける・気づく・考える』力を育てる――学びの基礎を培う生活から」という研究課題にもとづいて実践を展開しているが、ここに紹介した実践は、三年計画で取り組まれたこの研究の二年目のものということになる。掲げられた研究テーマを見ていただければわかるように、研究は幼児の「学び」に焦点があてられており、当然のことながら実践も、幼児の「学び」を視野に入れながら展開されている。

本文の中でも書いたように、私自身はこの研究に研究協力者として参加しただけなのであるが、五歳児の「協同的学び」を創造する同園の実践は予想以上に（失礼）おもしろい展開を見せることになり、どうしてもこの成果を全国の保育者に読んでほしいと考え、実践議論の「まな板」に乗ってもらうことを依頼した次第なのである。

したがって、本書で紹介した実践は、同幼稚園の責任で展開されたものであり、議論の素材として使用させていただいた記録などはすべて同園の保育者の手によってまとめられたものであるが、実践の評価に関わる部分は、基本的に私と秋山が、それぞれの視点で整理した形になっている。

本論に入る前に、同園の概要について簡単に紹介しておくことにする。

園名　茨城大学教育学部附属幼稚園

同園の学級編成（クラス名と園児数）

・三歳児（りす組　三十二名）

・四歳児（うさぎ組　三十二名・こあら組　三十二名）

・五歳児（ぺんぎん組　三十二名・きりん組　三十一名）

保育スタッフ

・園長（一名＝大学と兼任）、副園長（一名）、クラス担任保育者（五名）、養護教諭（一名）、

　補助的保育者（三名）

周知のとおり、幼稚園の保育者は「幼稚園教諭」という呼称で呼ぶのが通例であり、同園にあっても通常は保育者を「教員」という呼称で呼んでいる。補助的保育者と紹介した三名は「講師」という立場で各学年に一名ずつ補助的教員として配置されているが、本書の中ではこれらの教員をすべて、「保育者」と呼ぶことで統一してある。

また実践を紹介するに際して、年長組の担任である神永直美、平野有佳子、淀縄弥生の三名には実名で登場していただき、子どもの名前は仮名にしてある。三名の保育者のうち、神永さん、平野さんがクラス担任として実践を組織し、淀縄さんは記録の整理など、補助的な立場で実践に関わっている。

＊　＊　＊

ところで、実践の紹介に入る前に、一つだけ補足しておきたい問題がある。

本書で紹介した実践は、さまざまな意味で困難が叫ばれる五歳児の保育に対して、五歳児の

「協同的な学び」を組織していくことで応えた、そんな実践を中心に編まれている。おそらく読者の中には、これが附属幼稚園の特別な環境の中だからできたのだと考える人がいると思う。もちろんそう考える人がいても不思議ではないし、私自身、そうした疑問に答える立場にはいないので、その点については何もコメントすることはない。

しかしながら、少なくとも私がこの園の実践にコミットすることになった原因の一つに、もうすぐ五歳児になる年中組（四歳児）の子どもたちの育ちに、保育者たちがある種の危機感を感じていたことがあったことは事実なのである。そして私自身、三月にこの園を最初に訪ね、この実践の主人公になる当時年中組の子どもたちを見て、保育者たちに次のような感想を述べたことを思い出す。

子どもたちの様子を見ていて、気になった子が何人かいました。

たとえばAくんは、一時間以上も園庭にある、やぐらの中で立ち止まり、寝転がり、そして時々、外を見張る格好をして、ほとんど誰とも関わらないで活動していました。彼を見ていて、いったい彼は何を楽しみながら、何を求めてああやっているんだろうと考えてしまったんです。こんなによい天気なのに、何もあんなに不機嫌な顔して、誰とも話さないで一時間いなくてもいいのに、という感じですかね。

Bちゃんという女の子がいますが、彼女もけっこう大変な子かなと思いました。とにかく自分の思う通りに、他の子が動いてくれないと気がすまない感じなんです。けっこう頭がよく回るみたいで賢いんだけど、とにかく言葉がきついですね。すごく大きな声で、しかも乱暴に他の子に働きかけているんです。

それからCくんという子ですが、この子の場合は、やたら「ばかやろー」なんて形で大きな声を出すんですよね。しかも言葉だけでなく、Cくんはすぐに手や足が出てしまうから保育者に注意されるんですが、そうやって保育者に注意されると泣けてきちゃって、今度はそんな泣いてる自分に腹が立つのか、保育者に向って「蹴とばしてやる」なんて叫びながら暴れてるんですよね。

実際、午前中の数時間見ていただけなのに、こんな子どもたちの姿が、私には気になってしかたなかったのである。そして保育者たちとの話し合いの席で私は、これまでたくさんこうした子どもと出会ってきたけど、こうした子どもたちが抱える個々の問題に、個別に対応していくと逆におかしくなってしまう場合があって、むしろこの子たちが「心地よい背伸び」をしたくなるような、そんな実践を意識的に創造していくことが重要なのではないか、と提案したのであった。

最初こうやって話した時に、それがどんな実践になっていくか、正直言って私にもわからなかった。しかしながら九月に再度この園を訪れたとき、第2章でとりあげる海賊の小屋づくりの実践や、第3章の池づくりの実践を見て、予想以上におもしろい展開になりつつあることを感じとったのである。

そして三度目に行ったとき、実践はさらに新たな展開を迎えることになっていたのである。これが第1章で紹介した「カッパギンナン」の実践である。

いずれの実践も、幼児後期の子どもたちの「学び」を考えるうえで興味深い内容となっているが、それと同時に五歳児の「学び」を、「協同的な学び」へと発展させていく保育者の役割を考えるうえで、示唆にとんだ実践となっている。

以下は、この園の保育者たちが年長組の子どもたちを相手に取り組んだ、一年間の実践の記録である。

（加藤繁美）

第1章 五歳児の取り組んだ新潟中越地震支援プロジェクト

1　公開保育は、ギンナンの袋詰め

その日、訪れた幼稚園は公開研究会に参加した二百五十名の参観者でにぎわっていた。そんな中、園舎の中央に位置するプレイルームの一角では、この園の年長組の子どもたちが、大人の存在をまったく気にしないかのように黙々と、ギンナンの袋詰めに集中していたのである。そしてそのそばには、ギンナンが詰められたビニール袋に「20こ50えん」と書き記す子どもたち。さらにそのとなりには、なぜかカッパの折り紙を折っている子どもたちが数人……。

園を訪れた参観者たちは、そんな子どもたちのそばに立ち止まり、「どうしてカッパを折ってるの?」と質問するのだが、それに対して子どもたち、「だって、カッパギンナンなの!」と、じつにさらりと返事を返している。もちろん質問した人が、そんな答えで納得できるはずはなく、さらにいろいろと質問したい気持ちにかられてしまうのだが、それでもほとんどの大人たちは、そこでさらにしつこく質問したりしないで、「ああ、そうなんだ」などと、これまたわかったようなわからないような曖昧な返事をしながら、その場を立ち去っていくのである。

もっとも、中にはそれでもしつこく聞きただそうとする大人たちもいて、「だから、どうしてカッパギンナンなの？」と聞いたりするものだから、今度は子どもたち、作業をしている手を止めて、「だってそうしないと、僕たちのギンナンだってことがわからないでしょう」と、さりげなく答えていくのである。するとその答えを受けて、これまたかなりしつこい雰囲気で、「だから、どうしてカッパギンナンって名前なのか、教えてほしいんだけどな？」などと、質問をくり返しているのである。

二〇〇四年十一月十八日、茨城県水戸市にある茨城大学教育学部附属幼稚園で開催された公開保育の一コマである。そして私は、この公開保育に引き続いて予定されていた公開研究会の記念講演を依頼され、山梨から水戸へと足を運んでいたのであるが、私自身はそれとは別に、この公開保育にもう少し違う期待をもって、臨んでいた。

じつは、もう少し正確に言うと、私自身はこの年、三月、九月、十一月と、三回にわたってこの園の保育実践研究に協力することを依頼され、この日は、その最後の仕事としてこの園を訪問していたのであった。

実際、「対話的保育カリキュラム」構築の課題を実践的に展開する必要性を二度の研究会で語ってきたものの、その後の実践の展開は、すべて園の保育者たちに任せたまま、最後の研究会に臨んだというのが正確なところであった。

三月以来、私が保育者たちに語ってきたことは以下の三点であった。すなわち、「子どもと保育者が共同してカリキュラムを創造していくこと」、そのためにも「徹底的に子どもと対話すること」、そして「子どもにとって何が『必然性』ある活動かという点を、すべての活動デザインの視点とすること」という三つの点が、私が保育者に要求した内容だったのである。

そして事前に送られてきた資料を読んで私は、それまで抽象的にしか語ってこなかった「対話的保育カリキュラム」の展開過程に、期待の気持ちを持ちながら、この公開保育・研究会に臨んでいたのである。

たとえば、配布された資料の中には、子どもたちの発案で春から継続的に取り組まれてきた「池づくり」の実践（第3章）や、「海賊の小屋」をつくるんだと「小屋」づくりに取り組んだ子どもたちの活動の経過（第2章）が書かれていた。とくに海賊の「小屋」づくりは、九月に訪問した時に外形が整いかけていたものに、屋根とドアがつけられ、他の子たちを招待し始めたところだと聞いていたこともあり、それを自慢げに紹介する子どもの姿を期待しながら、私は園を訪問したのであった。

しかしながら当日は、子どもたちが掘ったという「池」のそばにも、完成したはずの「小屋」のそばにも、子どもの姿を見ることはできなかった。そしてそのかわりに年長組の子どもたちが取り組んでいたのが、例のホールでの活動だったというわけである（もっとも実際には、数日前からはやりだしたという飛行機飛ばしやフットボールに興じる十名ばかりの男の子たちがいたのも事実だが……)。

いったいどうしたことなのか、担任の保育者に聞いてみると、なんでも一週間ほど前から、活動の方向が、この「カッパギンナン」の取り組みに、大きくシフトしていったのだという。

以下は、その活動の過程について書かれた記録を基礎に、新たに保育者に取材した内容を加え、私なりに再構成した「カッパギンナン」に関する実践の紹介である。

2　やよいとさゆりが持ってきた新聞の切り抜き記事をきっかけに

すべては十月二十三日に新潟地方を襲った、あの新潟中越地震に始まったという。その日、ニュースであの地震の被害を知った同園年長組担当の三人の保育者は、おそらく日本中ほとんどの人がそうであったように、ニュースに映し出される残酷な光景に心を痛めていた。そして、おそらくこれまた全国の保育者がごく自然にそうしたように、その翌日、クラスの子どもたちと地震のことを語り合ったという。

もちろんこの段階で保育者たちは、この話し合いを起点に、それから二ヵ月余り続く五歳児の活動が始まっていくことなど予想だにしていなかったのであるが、その翌日、やよいとさゆりが、地震の悲惨さを報じる新聞の切り抜きを持ってきたところから、年長組の子どもたちの地震と震災に関する関心は、大きく変化していったという。

つまり二人に刺激されて、その後も新聞記事を持って登園する子どもはあとをたたず、まさに震災の話題は、年長組の子どもたちの一大関心事になっていったというのであるが、そのあたりの様子を、保育者の一人は次のように語っている。

何しろ、その写真が衝撃的だったので、ただただ一緒に見てその現状について話すという感じでした。

たとえば新幹線が脱線している写真を見て、「新幹線って脱線するんだね」「乗っていた人は暗いところを線路に沿って歩いたんだって」「クレーンで引き上げるらしいよ」などと話したり、道路が割れていたり持ち上がっているような写真を見て、「これ、どこまで穴が続いてるんだろう」「落ちたらどうするの」などなど……。

そんな話し合いの様子を見ながら、次の日にはまた違う写真を切り抜いてもってくる子どもが出てきて、写真の中身も、だんだん被災された方の生活の様子や、ボランティアの人たちの活動を伝えるものが増えてきたのです。そんな写真を見ながら子どもたちの話題も、「運動しなくっちゃだめなんだって」「エコノミー症候群っていうのになるんだって」「レスキュー隊が助けに行ったんだって」などと、地震の周囲にあるいろいろな問題に広がっていくようになっていきました。

とこんな感じで、子どもたちが持ってくる新聞記事をきっかけに、クラスの中では毎日のよ

地震の記事を壁新聞に

うに地震に関わる話が展開されるようになっていったというのであるが、そうした中、「なぜこんな切り抜きを？」と思ってしまう、そんな新聞記事を持ってくる子も出てきたという。引き続き、保育者の言葉である。

そんなことを続けているうちに、今度は地震とはまったく関係のない切り抜きを持ってくる子が出てきたりして……。たとえば紅葉の写真や、子ども相撲大会でおしりのアップが映し出されたおもしろい写真を持ってくる子がいたので、「これは？」と話を聞いてみると、「紅葉の写真を見ると新潟の人たちは元気になるかなと思って……」と、持ってきた子は言うんです。相撲大会の写真を持ってきた子も、「前、オリンピックの時、みんなこんな写真持ってきたよね。がんばっている写真」と。なるほど、と思いました。

とにかく、子どもたちが持ってきた新聞記事の写真については、そうやって子どもたちと話しているうちに、「みんなにも見えるところに貼っておこうか」という感じで、ごく自然な形で、模造紙に貼った「壁新聞」ができあがっていったわけです。すると、子どもたちは立ち止まって、お互いに知っている情報を伝え合いながら、ごく自然な形で地震のことを話題にするようになっていったんです。

保育者によると、とくに子どもたちが強い関心を示したのが、地震後五日たって、土の中からゆうたちゃんが救出されたニュースだったという。そして、「よかったね」「レスキュー隊がきたんだよね」と口々に語り合う子どもたちの姿を見ながら三人の保育者は、しだいに子どもの中に広がるこうした思いを、いったいどのように保育実践として発展させていけばいいものか、考え始めるようになっていったのだという。

学年の担任三名で、新潟中越地震についてどう取り上げ、どのように活動を進めていくかについて話をした。いったい幼稚園児にできることがあるのだろうか。しかし、これだけ社会でも大きな話題となり、子どもたちにとっても衝撃のニュースとなっている災害について、何もしないわけにはいかないのではないか。そういえば前に、「トトロに会いに行く」ための電車代をつくるということで、園にお店を開いて保護者にいろいろと買ってもらったことがある。そのようなことをしながら地震の被災者に義援金を送るということなら、子どもたちにもできるかもしれない、という見通しを持ち、とりあえず子どもたちと相談してみることにした。

たとえば、保育者たちがまとめた「実践の記録」には、このような文章で話し合いの経緯がまとめられている。もちろん、この記述にウソはなく、おそらく話し合いの経緯を正直に綴ったものだと私は思う。

しかしながら私は、いくらクラスの中で地震のことが一大関心事になっていて、子どもたちの興味が高まっていたとしても、「被災者に義援金を送るようなこと」を五歳児に提案してみるというアイディアは、そんなにスンナリとは出てこなかったのではないかと思い、いったいどうしてそうした活動を思いついたのか、改めて質問してみることにした。すると五歳児担任の神永さんは、次のように語ってくれた。

正直言って（ホンネ）、話し合いの中では「十一月の（公開）研究会に向けてどうするか」に行き詰まっていました。池も小屋も、そろそろ一段落しそうだし、と。でも、「五歳児の保育」として、子どもたちの生活のなかで出てきた「つぶやき」やちょっとした「気づき」を、子どもたちみんなで考えられること（課題や目的）に返していくという実践を、何とか提示したいという思いだけはありました。

それで、その頃の子どもたちの様子を考えると、「やっぱり新潟のことをやるしかないよね」ということになっていきました。「で、どうする？」と考えました。三人のなかにうっすらとした共通のイメージ（はっきりこうしようということは、あえて決めないで）はあったように思います。

それは、数年前に年長を担任した時の実践例があるからです。宿泊保育で会った（会えなかったと主張する人もいましたが）トトロにもう一度会いに行きたいという気持ちがふくらんで、電車賃をみんなで稼ごうとお店を開き、水郡線に乗って山登りに行ったのです。その時は、それこそヒマワリやコスモスの種、ギンナン（今回のように大量ではありませんでしたが）、自分たちで育てたアカカブやダイコン、指編みで編んだマフラーやキーホルダーなどをお母さん方に買ってもらい、電車賃にしました。そしてその活動が土台となり、これまでにも何度かお店を開くことがありました。

でも、安易に「お店を開こう」ということにはしたくありませんでした。やはり、そこには十分な「必要感」と「切実感」、「何とかしたいという思い」がなければ、と考えていました。なので、まず子どもがどれだけ新潟のことを身近に感じられ、どうにかしたい、何か自分たちにできることはないかという思いに至るような話し合い（「対話」と言えるのでしょうか）が十分になされるべきだと考えました。

私としては、こうやって子どもたちの中に広がる「必要感」「切実感」を受けとめながら、「対話」的関係にこだわって保育をデザインしようとする姿勢にまずはうれしい気持ちになってしまうのだが、それにしてもその後に迫っていた「公開研究会」に「行き詰っていた」と正直に語ってくれた保育者の言葉を、リアルでおもしろく感じないではいられなかった。

いや、誤解しないでもらいたいが、私がここで問題にしたいのは、「公開研究会」に牽引されて実践が展開されていった、その展開過程のことではない。

たとえば「公開研究会」にしても、運動会が終わって一段落し、本当ならちょっと一休みしたい雰囲気になってくる時期に、こうやって子どもの中に潜む「深部の要求」を引き出しながら、活動を展開していくことにこだわっていこうとする保育者のエネルギーを支えた一つにすぎなかったということなのである。そして私自身は、こうしたある種の「強制力」がないかぎり、年間通じて対話的実践に取り組むことなど不可能かもしれないと考えているくらいなのである。

いや、そんなことよりも重要な問題は、「池づくり」や「海賊の小屋づくり」とまったく同じ論理で、新潟中越地震について考え、語る子どもの言葉を大切にしていった保育者の姿勢のほうにある。そんな保育者自身の思いを、もう一人の担任保育者平野さんは、次のような話し合いの記録として紹介してくれた。

十一月の研究会も近づき、どうしようか「煮詰まった」状態の中……

神永「やっぱり地震のことかなぁ」（以前から話が出ていた）

平野「ニュースで見た話とかしている子が何人かいますけど。何かしたいってなった時、物を送るとかお金とかの形になるんですかね」

神永「子どもたちからどういう考えが出るか、わからないよね。でもお金を集めるって言ったら、去年のお店屋さんを思い出すのかなぁ」

平野「去年お店屋さんをやった時（昨年年長担任）、自分たちで稼いだような気分になっているけど、材料費はいったいどこからきてるの？　っていう矛盾は感じました（材料はクラス費で購入した）」

神永「何か別の形で、自分たちの力でできるといいよね。まずは切り抜きを持ってきた子の気持ちをクラスで取り上げて、そこから学年の問題に広げていったらどうかな」

と、こんな形で実際の話し合いは進められ、被災した人たちのために自分たちができることはないか、まずは子どもたちの意見を聞いてみようということになっていったというのだが、活動の方向が決まりかけたときの、それぞれのこだわり方が、おもしろい。たとえば、被災者支援となると、けっきょく「物を送るとか、お金とかの形に」なってしまうと語り、年長組が一年前に取り組んだ「お店屋さん」の材料費を保育者が準備したことの「不自然さ」にこだわる平野さんは、やはりそのことにこだわって、その後の子どもとの話し合いに関わっていくのである。

3　ギンナンを拾ってお金を送ろう

三人の保育者が、新潟中越地震の問題を子どもたちと一緒に取り組んでみようと話し合った翌日、年長児全員を集めて「話し合い」が開催されているが、そのとき話し合いをリードしていったのは、前日の話し合いで「材料費」に「こだわり」を示した平野さんであった。保育者の問いかけに応える、子どもたちの議論の経緯である。

ももこ「寒くなるから、着なくなった洋服を送るといいと思う」
えりこ「ヘルメットを送る」
しゅう「食べ物を送ってあげる。でもぼくは、（送るためのものを）みんながお店でちゃんとお金で買えるかが心配なんだよ。ローソンとかでさぁ」

最初はこんな感じで、思いつきのようなアイディアが次々と出されていったというが、そん

取り組みの経過を順々に掲示していく

「できることはなんだろう」

な話し合いの雰囲気を大きく変えることになったのが、こうたの次の言葉だったという。

こうた「ぼくのおばあちゃんが新潟にいるんだけど、車で行くとすごーく遠い。だから、食べもの送っても腐っちゃうよ、きっと……。冬には雪がたくさん、これくらい（背伸びして）降るんだ。雪が降ったら、一日じゃ着かないよ」

神　永「こうたくんのおばあちゃんは、新潟に住んでるの？　地震は大丈夫だったのかなあ」

こうた「うん、電話したら大丈夫だったって」

このこうたの言葉で、遠い新潟で起きた話が、自分たちに身近な話題になっていったというのだが、問題はそれを具体的な活動にどう結びつけていくかという点にある。そしてその時の話し合いをリードした平野さんは、子どもたちの関心を、必要となる資金づくりの方向に転換させるよう、試みていくのであった。

めぐみ「寒いから、マフラーを編んであげればいいんじゃない。年中の時つくったから、できるよ」
平　野「そうだね。今までに食べ物を買ったり、マフラーをつくるっていう考えがでたんだけど、じゃあ食べ物を買ったり、材料を買ったりするお金はどうするの？　新潟に送るっていう時にも、郵便や宅急便のお金かかるよね」
なおみ「みんなのお小遣いを合わせて買えばいいと思います」
ゆたか「持ってない人もいるよ」
子どもたち（数人）「そう、そう」
平　野「持っていない人がいるみたいよ。じゃあもってる人、手を挙げて」（半分くらい手を挙げる）
平　野「もってない人は？」（半分くらい手を挙げる）
平　野「もってる人は、じゃあ自分のお小遣いを全部あげられるの？　先生もお金、少しはあるけど、ご飯も食べなきゃならないし、全部はあげられないなぁ」
かえで「お金をコピーすればいいと思います」
平　野「うーん……それはやってはいけないことなんだよ。法律っていう国の約束で決まってるんだよ」

「お金をコピーすればいい」というかえでの発言に触発されて、その後、「銀行に行ってもらってくる」「お金をたくさん持っている人からもらう」「募金をしてもらう」などいろいろな意見が出てきたというが、安易にお金を持ってくるという方法ではない、もう少し別の方法に気づいてくれることを期待する保育者は、それに容易に納得したりしないのである。

そしてそんな中、ゆうじのアイディアをきっかけに、子どもたちのイメージは、新しい方向に向かって動き出すことになっていくのである。

ゆうじ「前にポップコーンの機械を（ベルマーク集めて）もらったでしょ？　それでポップコーンをつくって売るのは？」

てつお「そうそう」

平　野「ああ、なるほど……」

子どもたち「うん、いいね」

平　野「それいい考えだね。でも材料を買うお金は、どうすればいいかなあ？」

あけみ「幼稚園をお店にすればいいよ」

平　野「どんなお店？」

やすし「ほら、去年の年長さんがやってたみたいな……」
平　野「でも売るものはどうする？　さっきから材料のお金がないって話し合ってきたけど」

幼稚園にお店を出して、そこで物を売って、というイメージまでは出てくるのだが、その物を売る「材料」のお金のことには話題が発展していかない……。考えてみれば、それは幼児の生活経験と社会認識の実態を考えれば、十分に予想できることでもあったのだが、前日の話し合いの中で「材料費はどこから」という点に「こだわり」をもった保育者たちは、ここでも安易な選択を避けようとするのであった。

ただし、それでも「このままでは話し合いが行き詰まってしまう」「何もないところからどうやってお金を生み出すかを考えるのは、子どもたちだけではむずかしい」と判断した保育者は、ここは保育者のほうからアイディアを出すべきだと考え、次のように子どもたちに話していったという。

神　永「そういえば、どこかの幼稚園でギンナンを拾って売ってたって話を聞いたことがあるなあ。前に副園長先生がちょっと遠いところの幼稚園に行ったときに、幼稚園の子どもたちが、拾ったギンナンを袋に入れて売ってたんだって」

まきこ「あっ、知ってる。イチョウの実でしょ」
神　永「そうそう。よく、ちゃわんむしに入ってる黄色いお豆みたいなのだよ」
ひでお「中華料理に入ってた！」
神　永「そう。それ」
まさみ「でも、きらーい。まずいよ、あれ」
子どもたち「ぼく、好きだよ」「嫌い」
平　野「大人は、ギンナンが好きな人が多いんだよ。フライパンで煎って、ビールのおつまみとかにすると、おいしいんだよ」
ゆうじ「ぼく、どこにあるか知ってるよ。うちの近くの公園」
神　永「幼稚園の近くにも、たくさん落ちてるよね。何にも（お金が）ないところから始めなくちゃならないのなら、ギンナンを売ってお金を集めて、それでポップコーンの材料を買うのはどう？」
子どもたち「いいね！」「だったらギンナンにしよう！」「ギンナン拾いだ」
神　永「みんなできる？　やってみる？」
子どもたち「うん」「がんばって拾う！」

さて以上のような経緯で話し合いは進み、子どもたちはギンナンを売ったお金でポップコーンをつくり、それで得た収益金を新潟で被災した人たちに送ることを、みんなの話し合いで決定したのである。そしてその翌日から、さっそくギンナン拾いの計画がたてられ、作業に入っていくことになる。最初に考えて出かけた公園は、早朝すでにほとんどのギンナンが拾われていることがわかり、けっきょく誰にも荒らされていない小学校の校庭でギンナンを集めることが決定された。

4　新潟で地震さえなければ拾わなくてもよかったのに
——拾ったギンナンを商品に

小学校の校庭一面に広がるギンナンを見た子どもたち、最初のうちは「すごーい」と歓声をあげていたものの、しばらくすると「でもくさい！」「うんちのにおいがするね」と、愚痴のような言葉がでてくるようになっていったという。

しかしながらそれでも、その後の子どもたちの働きぶりには目を見張るものがある。その様子は、次のとおり記録されている。

めぐみ「新潟で地震さえなければ拾わなくてもよかったのにな」
てつお「先生ビニールちょうだい、両手で拾ったほうが早いから」
けんじ「うちのグループすごい！　こんなに集まったよ」
しおり「この靴新しいから汚したくないな……」
めぐみ「じゃあ私、ふんであげるから、しおりちゃん中身とって」

つよし「拾ってると、だんだんいいにおいになってきたよ」
けんじ「こんなところにも虫がいる」
すずよ「私もドングリ拾いのほうに行っていい？　肌が弱いから」

じつは、ギンナン拾いを決めたとき、肌が弱くてギンナンアレルギーだという子どもたちがいて、その子たちはドングリを拾ってドングリクッキーをつくることになっていた。すずよの言葉は、そうした流れの中で出てきたものだったのだが、とにかくこうして子どもたち、「ください」ギンナンを黙々と拾い続けていったのである。

その後、園に帰り、採ってきたギンナンを洗って干す作業に入っていったのだが、さすがに洗うところは保育者が担当することにしたという。子どもたちは、保育者が洗ったギンナンを外に干し、降園する前には部屋に入れるという作業をくり返したという。そしてそうした作業を十日間も続けているうち、やがてギンナンは白く輝くようになっていったのであるが、それにつれて子どもたちの関心も、それをどうやって売っていけばいいのかという点に向けられていくことになる。

まず問題になったのが、いったいこれをいくらで売ればいいのかという「値段」の問題であった。買い物のついでにとしおが調べてきた「サンユー（スーパーの名前）ではギンナン二十

足でふんで実をはがす

においをがまんしながら黙々と拾う

個で九十八円だった」という情報と、「やおくに（八百屋の名前）では三十個で五十円、五十グラムって書いてあった」というなおきの情報を比べて、ギンナンの値段が一様でないことに気づいた子どもたちは、さっそくギンナンの値段調査を開始することを決定した。子どもたちが調べた、その結果である。

カスミ　65こ　150えん
サンユー　20こ　98えん
やおくに　30こ　50えん
セイブ　48こ　100えん
カドヤ　50グラム　150えん　（26こ）
セイブ　50グラム　205えん　（26こ）

もしもこれが割り算を勉強したあとの小学生だったなら、ここでギンナン一個あたりの値段を計算し、比較してみることにでもなるのだろうが、もちろん幼児の場合はそうはいかない。さてどうしたものかと保育者たちが思案しているところ、子どもたちの話題は、意外にも「五十個一袋だと家族が少ないおうちには多

二十個ずつ袋に詰める

「いくらで売ったらいいかな？」

いよ」「二十個くらいがちょうどいい」という具合に、何個を一セットで売ればいいかという点に集中していったという。

考えてみたら、かくのごとく子どもの思考は、柔軟で、現実的なのである。それに対して大人は、やたら知識を持っているだけに余分なことを考えてしまう。子どもたちと対話していると、大人とは違う発想で、しかも的確な解決法を、子ども自身が発見する力をもっていることに驚かされることがしばしばある。

さて話し合いの結果、けっきょく二十個を一セットで売ることで話は決着し、残された問題は、このギンナンにいくらの値段をつけるかという点へと移っていくが、この点についても、子どもたちは積極的に議論を展開している。

まきこ「たくさんお金集まったほうが、たくさん新潟に送れるから高くしたほうがいいと思う」
まさみ「でもあんまり高いとお客さんが買ってくれないよ」
としお「安いほうがたくさん買ってくれると思う」
えりこ「でもお金があんまり集まらないからだめだよ。お店と同じくらいにすればいいんじゃない？　買い物に行くときと同じだったら買うんじゃやな

お店の看板も書かなくちゃ

カッパの折り紙を折る

めぐみ「お店よりちょっとだけ安くすると買ってもらえるかもい？」

こうやって、購買者心理を彼らなりに分析した結果、けっきょくめぐみの提案した「お店よりちょっとだけ安くする」という案が採用され、いよいよ話は、具体的な売り方の話題へと移っていくことになる。

ここでも保育者の、「どうやって二十個のギンナンをお客さんに買ってもらう？」という問いかけに、あれやこれやとアイディアを出し合っていったのである。

こうた「一列に並んでもらって二十個ずつ取ってもらう」
はるな「お客さんが来たら私たちが二十個袋に入れる」
ひでお「いっぺんにたくさん来たら大変だから、先に二十個袋に入れておくほうがいいよ」
さちこ「それで値段とかシールに書いて貼っておくの。いくらかわかるように」
ひでお「ギンナン二十個、五十円って」

「新潟のためです」とわかるように

いよいよお店開き

こんな話し合いを経て、売り方のイメージもやっと固まりかけたというそのときに、今度はとしおが、さらに新しいアイディアを出してきた。そしてこのアイディアのおかげで、子どもたちの意欲は、一気に高まっていくことになるのであった。

としお「ギンナンに顔を描いて、カッパギンナンにしたらどう？　茨城産とかみたいにさ。幼稚園にはカッパがいるから、カッパギンナンっていうことにしようよ」
神　永「なるほど！　いい考えかも！　附属幼稚園ブランドのギンナンだね！」
ももこ「はるなちゃんがつくってきた、カッパの折り紙をつけたらどう？」
平　野「そうだね。いいね」
としお「ぼくたちのブランドだ」

いったいなぜ幼稚園にカッパがいるのか、という話に関しては、第2章まで待ってもらうしかないが、いずれにしてもこうした話し合いの結果、ギンナンの袋

なかなかの繁盛です

「二袋ください」

詰めをする子のそばに、カッパの折り紙を折る子どもたちがいたわけである。

さて、こうしてカッパギンナンというブランド名も決定し、いよいよあとは準備を済ませて売るだけという段階になっていく。そしてその翌日が、私たちの訪問した公開保育だったわけである。

当日は、先にも紹介したとおり「袋詰め→ラベル貼り→数量確認→カッパの折り紙つけ」と、商品をつくる作業にほとんどの子どもが取り組んでいたのであるが、じつは公開保育当日、こうした子どもたちとは別に、保育室の中で文字や絵を書いている一群がいたことも報告しておかなければならない。

ももこ「先生、棒ちょうだい、旗にするような」
よしえ「なんて書いたらいいかな?」
平　野「お客さんに、わかりやすいのがいいよね」
ももこ「新聞貼ったらどう?　あっ、でも私、持ってない」
平　野「そういえば、今朝みつこちゃん持ってきてたよ。交渉してみたら?」
ももこ「行ってくる!」
おさむ「のぼりをつくるから、長い紙出して」

平　野「こんな紙？（白い紙を差し出す）」
おさむ「うーん、そっちの水色の紙がいいな」

じつは前日の話し合いの中で、「年長さんがこのお金でお菓子を買ったり楽しいことに使ったりすると思われるかな……」という保育者の言葉をきっかけに、「新潟のためですよって言ったほうがいい」とか、「看板とか旗に書いたらいいんじゃない？」という意見が出てきて、看板・旗（ポスター）をつくる活動も加えることになり、それに取り組んでいる子どもたちの会話が、ここに紹介した内容だったのである。

5　ギンナンを売ったお金で、ポップコーン用のトウモロコシを買う

さて、こうして子どもたちが詰めた袋の数は、なんと二百六十一袋。単純に計算しても、五千二百二十個のギンナンを子どもたちは拾ってきたことになる。

そしてその後、彼らは親たちを相手にカッパギンナンの店を開き、結果的に一万三千五十円の売上を計上したのであるが、当初の予定通り、そのお金を元手にポップコーンをつくり、さらにそうやって増収を図ったうえで新潟にお金を送るという活動に、次は展開していったのである。

ところがこの仕組みが、子どもたちにはなかなか理解できないのである。たとえば、ポップコーンで増収を図る作戦を決定する話し合いは次のような感じで開始されている。

神　永「この前、いよいよお店をつくってギンナンを売るよっていって売ったよね。それで、その次の日にみんなで分けて数えてもらいました。お金いくらだったかなあって。そ

の結果、一万三千五十円も集まりました。今日はこれをどうやって新潟の人に役立てようかって話し合いをしようと思います」

（何人か手をあげる）

神　永「じゃあ、こうたくんどうぞ」

こうた「ポップコーンをつくって売る」

神　永「そうだ、前にてつおくんだっけ？　言ってたの。ポップコーンをつくって……」

ゆうじ「ちがうよ！」

神　永「そうか、ゆうじくんだった？」

神　永「ポップコーンをつくりたいって言ってたんだよね。ポップコーンを……」

ひろし「ポップコーンをつくったら、また売って大きくお金をする」

このように、ポップコーンを売って、「大きくお金をする」ということを明確に意識している子もたしかにいたのだが、年長児全員がそのイメージを共有できたわけではなかったようである。

神　永「ポップコーンをつくって売ればいいって最初に言ってたんだよね。そしたらその豆の

売り上げを全部集計してみると……！

十円玉を十個ずつ並べて数える

お金がないから、みんなでどうしようって考えて、それでギンナンを集めて売ろうってことになったんだったよね。このお金でポップコーンの豆を買うってことなんだけど、いったいいくらくらいするのかなぁ……。三百円くらいかなあ……」

子ども「安ーい！」

神　永「そしたらこの一万三千五十円、全部ポップコーンの豆買ったら、こーんなにいっぱいになっちゃうね」

まさき「ちょっとだけにする！」

神　永「何かいい考えある人いる？　じゃあめぐみちゃんに聞いてみようかなぁ。めぐみちゃんどうぞ」

めぐみ「あのぉ、半分ずつすればいいと思う」

神　永「半分ずつって？　一万三千五十円全部で豆を買ってその豆の半分だけをポップコーンメーカーに入れればいいって考え？」

めぐみ「半分つくって、ギンナンみたいに最初に売る人が売って二番目に売る人がその半分を売る……」

まだかな？　わくわく……！

保護者が来てポップコーンメーカーの試運転

おそらくこのあたりの議論は、最初に保育者が言った「三百円」という言葉が何を指しているのか、聞いている子どもたちの中で混乱が生じ始めていると思われる。そしてそのうえで、子どもなりに懸命に考えて発言しているのだけれど、なかなか共通のイメージがつくれないまま、話し合いが展開している感じがする。

子どもたちの話し合いを組織することのむずかしさであるが、それでも話し合いが続いていくからすごいものである。そんな中、また別の子どもが、新しい「悩み」を吐露している。

神　永「ゆうきくんの考えも全部豆を買うっていうのじゃなくて、少しだけ豆を買うっていうのは同じなの？」

ゆうき「お金とか入れないとポップコーンメーカーは動かないから……」

神　永「そうか！　ゆうきくんはポップコーンメーカーはお金を入れないと動かないんじゃないかってことを言ってるんだよね？　よく街で百円を入れると、ポップコーンメーカーが動いてポップコーンがでてくる自動販売機あるでしょ。知ってる？　ゆうきくんは、そういうのだと思ったんだって。だから百円がいっぱいないと……」

子ども「買えなーい！」

神　永「百円がいっぱいないとポップコーンメーカーが動かないいんじゃないかって思ったんだって。じゃあ、そのポップコーンメーカーについて教えてもらおう。平野先生、ポップコーンをつくる機械のことを教えてください」

平　野「ベルマークをみんなお家で集めてるでしょ。それをたくさん集めて、幼稚園でポップコーンメーカーを買ったのね。それで、どうやってつくるかって言うと、電気をコンセントにぐいっと入れて、スイッチのボタンを入れて、五分とか、十分とかポップコーンの火をつけますよっていうダイヤルがあるの。それをぐぐっと回すとだんだんあったまってポンポンって中身がはじけてきてポップコーンができるんだけど、これはお金を入れなくてもスイッチを入れるとできるポップコーンメーカーです」

神　永「よかったね、ゆうきくん、わかって。これでゆうきくんの心配は一つなくなりました。幼稚園のは百円入れなくてもできるポップコーンメーカーなんだって」

ゆうき「あーよかった」

神　永「電気をつなげばできるってことがわかりました」

さてここで、「これにて一件落着」とでも言いたいところであるが、その後も「ポップコーンメーカーっていつ買うの？　ベルマーク集めるのに時間かかるよ」という質問が出てきたりと、なかなかスッキリと理解できない感じで話し合いは展開していくのである。そしてそんな中、より本質的な質問が、子どもの側から出されることになる。少し長い記録になるが、ここでは記録をそのまま引用しておくことにしよう。

こうた「高すぎて誰も買えないよ。そのお金さぁ、高いでしょ」
神　永「これ？　一万三千五十円？」
こうた「だからさぁ、みんなさぁ誰も買ってくれないよ」
神　永「うーん、こうたくんはちょっと勘違いしてるかもしれません。この一万三千五十円っていうのは、なんのお金？」
はるな「集まったお金」
神　永「この前何売ったんだっけ？」
子ども「ギンナン！」
神　永「ギンナンを売ってお母さんたちが買ってくれて集まったお金が一万三千五十円なの。その中からお金のいくらかを使ってポップコーンの材料を買いに行きましょうって」
こうた「でもそしたら、新潟に送るお金がなくなっちゃうよ」

じゃんけんで買い出し係を決める

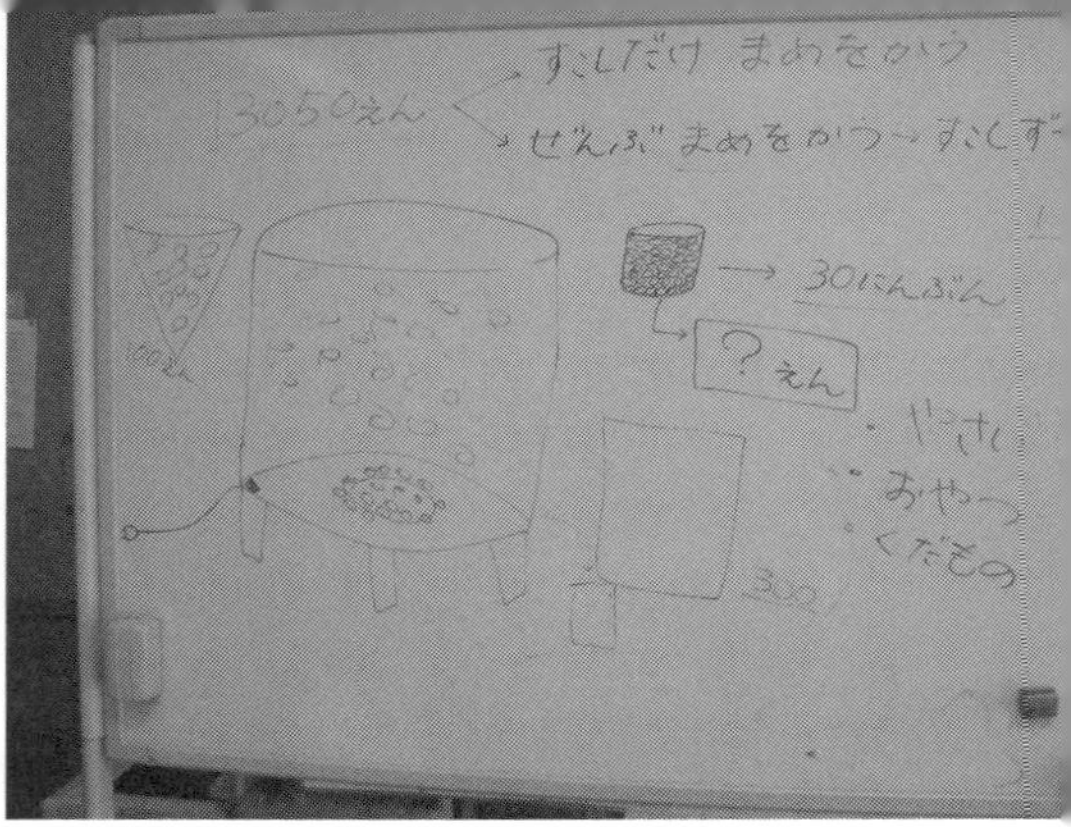

一万三千五十円をどう使う？

神　永「なるほど。こうたくんは心配してます。この一万三千五十円の中からポップコーンの材料を買ったら、この一万三千五十円が少なくなっちゃうって……」

まさき「おつりもなくなるし」

神　永「少なくなっちゃうから、困るんじゃないかって。どう？　ゆうじくんどう？　ゆうじくんの考えだったよね、ポップコーン売ればいいって。どう思う？」

ゆうじ「やめる……」

神　永「え？　ほんと？　やめちゃっていいの？　ポップコーン売るの」

ゆうじ「でもまた……」

神　永「ゆうちゃんの応援してくれる人いないかなぁ、誰か。ポップコーンの材料買ってどうすればいいかなぁって？」

（数人手があがる）

神　永「じゃあね、みなこちゃんどうぞ。ゆうじくんに応援することない？」

（みなこ、もじもじ……）

神　永「じゃあ、まさみちゃんどうぞ」

新潟の仲間に手紙を書く

お店開き前の最終打ち合わせ

まさみ「おうちからお金をもってきて、それで使う。半分のお金を使って、それで、おうちからもってきたお金を使う」
まきこ「えーやだー！」
神　永「おうちからもってきたお金でポップコーンの材料を買うってこと？　じゃあ、この一万三千五十円はどうするの？」
まさみ「全部残す」
神　永「全部残して新潟にあげたほうがいいってこと？」
まりえ「でも、もったいないよ。家からもってくるのは」
神　永「はるなちゃんどうぞ」
はるな「少しだけ材料を買う」
神　永「材料を買ってどうするの？」
はるな「ポップコーンを売って、ギンナンみたいに売って……」
神　永「はるなちゃんが言うには、ポップコーンの材料を少しだけ何百円か使って、ポップコーンの材料を買うんだって。そして、ポップコーンメーカーでポップコーンをつくります。そしたら、ギンナンを売った時みたいにきれいに袋の中に入れて、それをまたギンナンを売った時みたいに売ればいいんじゃないかなぁって」

はるな「それで残ったお金は新潟に送る」

神　永「売ったお金はどうするの?」

まきこ「合わせて……」

神　永「そしたら、それとこれ(ボードに書いて説明)を合わせて、ポップコーンとギンナンの売れたお金を合わせて送るんだ! まきこちゃんもそういう考え?」

こうた「おうちにあるお金がなくなっちゃうしさぁ」

まきこ「私ね、これだけ心配したの」

ギンナンを拾ってつくったお金を原資に、ポップコーンをつくってさらに増収を図り、それを新潟に送るという計画を筋道だって理解することは、五歳の子どもたちにはけっこうむずかしい課題であるが、それでも理解し合うことをあきらめない子どもたちの意欲と集中力には、正直言って驚かされるものがある。しかも幼稚園年長児たちが、社会で起きた事象と自分たちの関係を、ここまで真剣に考え、自分以外のもののために懸命になっているのである。五歳児の子ども集団の持つ力の大きさを、改めて感じさせられる話し合いである。

さて、以上のような話し合いを経て、子どもたちはポップコーンの材料となるトウモロコシ

茨城から新潟へ

を購入し、それでつくったポップコーンを、再度親たちに販売する活動に取り組んでいる。そしてその結果、売ったお金の総額は一万九千三百五十円に達することになったのである。

そして最後に残された問題は、このお金をいったいどこに送ればいいかという点であったが、けっきょくそれは、子どもたち一人ひとりの書いた手紙とともに、新潟で被災した幼稚園の一つである南魚沼市立浦佐幼稚園に送られることになる。

その時、子どもたちは「山を見ると元気が出るって聞いたから、僕は山を描くよ」と山の絵を描き、「朝日を見ると元気になるって聞いたよ」と言って朝日を描き、そして「ぼくたちがギンナンをひろって、ぽっぷこーんをうって、おかねをあつめました」と手紙を書いてと、まさにさまざまな、それぞれの思いを手紙にしたためたという。

義援金を受け取った浦佐幼稚園では、地震によって壊されたホールの時計を、そのお金で購入したという。その後、そのお金で買ったプーさんの時計と、雪で埋まった園庭で遊ぶ子どもたちの写真が、感謝の手紙とともに送られてきたのである。そして手紙を読んでもらいながら、子どもたちは遠く新潟で生活する同年齢の仲間に思いを馳せていったという。

おてがみ ありがとう。
おふろにはいっていたとき
おおきなじしんがきて
とてもこわかったです
こうすけ
(5才じ)

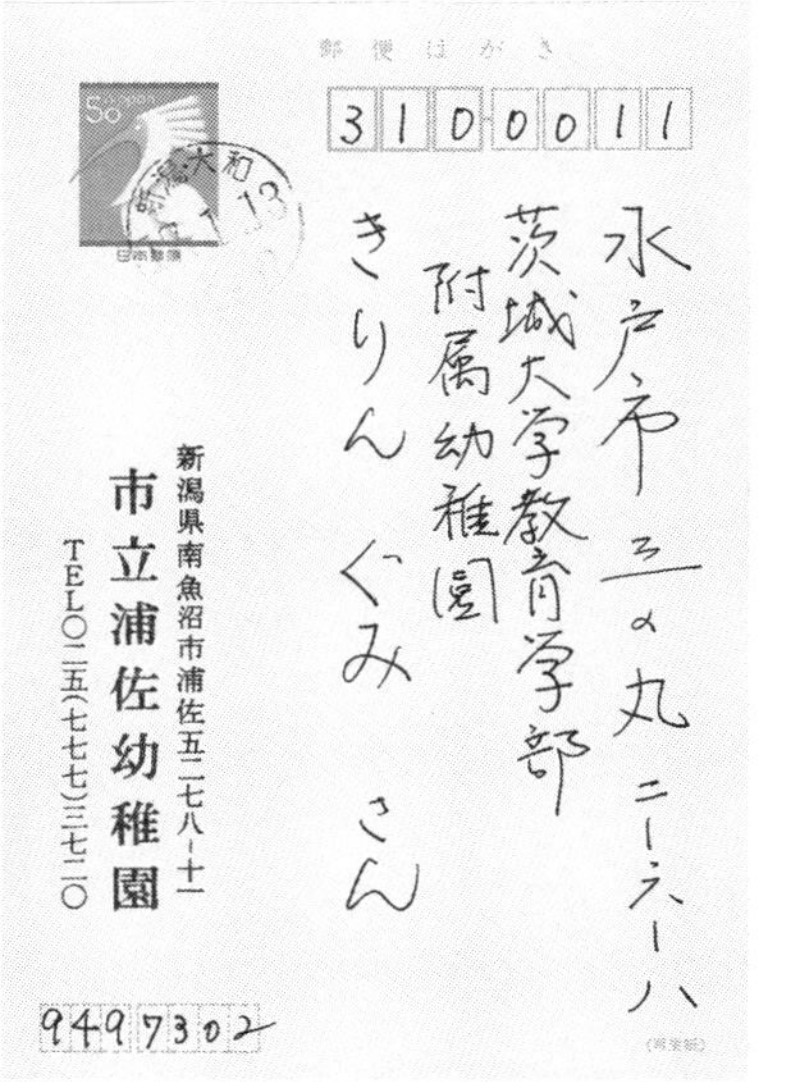
郵便はがき
3100011
水戸市三の丸二ー六ー八
茨城大学教育学部
附属幼稚園
きりんぐみ さん
新潟県南魚沼市浦佐五二七八ー十一
市立浦佐幼稚園
TEL〇二五(七七七)三七二〇
9497302

きりんぐみさん とけいをありがとう！
「みんな げんきだよ！」
うらさようちえん いるかぐみ(年長) H17・1・7

第2章
対話的関係の中で創りだされた幼児後期の協同的な学び

1　対話的関係を基礎に展開された五歳児保育

さて、こうやって茨城大学教育学部附属幼稚園の五歳児たちが取り組んだ新潟中越地震支援プロジェクトは、浦佐幼稚園から送られてきた感謝の手紙と写真で、いちおうの決着を迎えることになる。この取り組みを通じて子どもたちは、きっと多くのことを考え、学んだに違いない。たとえばそれは、活動の過程で親たちから寄せられた、次のような手紙からも読み取ることができる。

先日のギンナン拾いでは、たくさん拾ったこと、みんなで数えたことにとても驚いたようで、何度も話して聞かせてくれました。幼稚園でもこんな活動ができるなんて、すばらしいと思いました。○○○も、「新潟の人たちに」と口癖のように言っていました。

ギンナンやポップコーンを幼稚園で売ったことにより、お金を得ること、使うことにずいぶんと興味を持ったようです。昨日は家になっている柿の実を採って、大きいのは百円、小さいのは五十円で祖母や私に売っていました。「稼いだお金はどうするの」と聞いたら、弟の誕生日に、弟の大好きなおもちゃの乾電池がなくなって遊べなくなっているので、その乾電池をプレゼントするのだそうです。弟には内緒で、父親と買いに行っていました。

また別の親は、「新潟中越地震の活動過程の一つひとつが、〇〇〇にとって、自慢できる体験だったようです」と記しているが、おそらくこうした思いは、活動に参加した五歳児たちに共通するものだったにちがいない。

もっとも、誤解されては困るが私自身は、たとえそうだからといって、彼らが新潟中越地震という社会的な出来事に取り組んだ、そのテーマの特殊性を、ここでことさら強調しようとしているわけではない。それはたまたま彼らが（もちろん保育者も含めて）このテーマに関心を持ち、その思いを広げていったにすぎないのであって、当然のことながらそれはまったく別の活動でもよかったことなのである。

重要な点は、扱ったテーマの特殊性にあるのではなく、実践を展開する過程で意識的に追求されていった、保育者と子どもたちとの「対話的関係」にほかならない。つまり、子どもの中に生起する関心や要求を、「対話的関係」の中で拡大・発展させていった、その関係性の中にこそ重要な意味が存在しているのである。

たとえば私は、こうやって保育者と子どもとが「対等」な関係で、計画の作成と実践の展開過程に参加していく実践過程を「対話的保育カリキュラム」創造の過程と位置づけてきたが、そういう意味でこの新潟中越地震支援プロジェクトの展開過程は、私が考える「対話的保育カリキュラム」創造の課題に、実践的な答えを提示してくれる事例だと考えている。

もちろん、乳幼児の保育実践において、厳密な意味で保育者と子どもとが「対等」になることなど、現実には不可能である。したがって、実際には保育者の教育的配慮によって、子どもと保育者との「対等」な関係を創出することになるのであるが、その場合、保育者が子どもたちの声にならない声を、いったいどこまで聴き取ることができるかという点が「対話的関係」成立の鍵となる。

つまり、未だ子ども自身が自覚していない「要求」を保育者が聴き取り、そうやって聴き取った子どもの「要求」を子どもたち自身に意識させ、子どもたちが意識した「要求」を起点に実践を出発・発展させていく、そうした関係を基礎に展開されていくカリキュラムを、「対話的保育カリキュラム」と私は呼んでいるのである。

そして私は、こうした課題意識を話したあと、具体的には次の五つのことを保育者たちに提案したのであった。

①一言で子どもの要求と言っても、子どもの要求には「現在の要求（表面上の要求）」と「明日の要求（真実の要求）」との二つのレベルの要求がある。

②要求を発展させていくとは「現在の要求（表面上の要求）」を「明日の要求（真実の要求）」へと発展させていく営みであり、そのことを子どもたち自身が自覚していく過程が、保育計画をつくる営みとなる。

③その際、二つの要求をつなぐのは子どもたち自身であり、二つの要求をつなげなければならない「必要性」「必然性」「要求」をつくり出すことが保育者の仕事となる。

④そしてその場合、実践成否の鍵を握っているのが「実践の記録」であり、その記録をもとに、保育者集団が明日の実践をデザインしていく保育者同士の話し合いが重要になる。

⑤つまり、次のようなサイクルで保育実践を構築していくことが重要になる。

実践→実践の記録→記録の読み取り（省察）→明日の活動のデザイン（計画）→実践→記録→記録の読み取り……

この五項目の提案も、提案としては少し多すぎたかもしれないが、要は保育実践を子どもたちの「要求」から出発させ、そうやって自覚された「要求」をさらに高次の「要求」へと高めていく対話的実践を展開する過程で、五歳児たちの「協同的学び」を組織していこうという提案だったと理解してもらえばいい。そしてそうした実践を進めていく際、とにかく子どもの「要求」と、活動発展の「必要感」「必然性」にこだわってみようというのが、私の提案だったのである。

2　「必然性」と「必要性」にこだわって取り組んだウサギの当番活動

じっさい保育者たちは、四月以降の実践の中で、とにかく「必然性」と「必要感」にこだわりながら、一つひとつの実践に取り組んでいったのであるが、そのあたりのこだわりを、年長担任の保育者は次のように整理してくれている。

四月の始業式から、「必然性」と「必要感」にこだわりながら五歳児の生活を考えてきました。

だから、ここ数年の間、文化のように受け継がれてきたウサギの当番活動や、新入園児を迎える活動を当たり前のようにやらないで、話し合いの場を設けたりしながら、子ども自身の「こうしたい」という要求をふくらませるにはどうしたらよいか、保育者同士で話し合い、共通認識をつくりながら子どもたちと関わってきました。

たとえば、ウサギの当番活動を始めるにあたって、次のような話し合いをしたりしました。

神永「ウサギの世話は、好きな人がやるってことにしない？　当番とかつくらないで」
平野「でもそれでは、（エサを）たくさん持ってきすぎたりしませんかね……」
神永「そこで、子どもが気づいたとき、どうすればいいか考えるんだよ」
こんな感じで話し合いを続け、一つひとつの活動を、まるで初めて取り組むように進めてきた結果、保育者間に「必要感」「必然性」「要求」という言葉が、保育のキーワードとして定着していった感じがします。

じつは、こうやって展開されていったウサギの当番活動をはじめとする取り組みは、活動としては確かに素朴な活動なのだけれども、五歳児の活動を子どもたちの「要求」から出発させ、その「要求」を発展させていく「対話的保育実践」の基本構造を考えるうえで、貴重な問題を提示してくれる実践になっているように私は考えている。
たとえばウサギの当番活動に関して言えば、先のような話し合いの後、保育者たちはエサを持ってくるかこないかはすべて子どもたちに任せていたのだという。それは何といっても、子ども自身が「必要性」「必然性」「要求」を感じない活動を保育者が押しつけても、それはけっして本物の知性になっていかないことへのこだわりが、保育者集団の中に存在していたからにほかならない。

そして保育者たちは、そのまましばらく様子を見ていたというのであるが、エサを忘れた子が、「アーア、持ってくればよかった」と話したりするのを耳にすると、子どもたちに問いかけることも忘れてはいない。その時の様子が、たとえば次のような記録で残されている。

そこでみんなで集まった時に、「ウサギのエサは誰が持ってくればいいか」と投げかけてみました。ほとんどの子どもがやりたいと思っているので、「エサをやりたい人が持ってくればいい」という意見が大半を占めたのですが、中に一人だけ、「僕は、遊べなくなるのは嫌だから持ってこない」と言う男の子がいました。

こんな話し合いをくり返しながら保育者たちは、誰がエサを持って来て、誰がどのように関わっているのか記録をとり、子どもたちが当番の必要性を自覚する場面をどうやって創りだしていくか、議論を続けていくのである。

しかしながら、最初に「遊べなくなるのは嫌だから持ってこない」といった男の子は、やはりかたくなに持ってこようとはしないし、別の子は「ウンチが汚くて、世話をしたくない」と言い出すしと、なかなか当番活動の必要を自覚する方向に、子どもたちの関心は向いていかなかったという。

ウサギの運動場

ウサギにエサを食べさせる

そんな子どもたちに変化が現われてきたのは、四月も終わりに近づいた頃、いつも積極的にウサギの世話をしていた女の子が、「元気なんだから、運動するところがないとかわいそうだよ」と語った「つぶやき」がきっかけだったという。その女の子のつぶやきを保育者は、さっそくクラスの話し合いに持ちかけていったのだが、その時の記録は、次のように書かれている。

「まきこちゃんからみんなに相談があるんだって」と子どもたちを集め、話し合いを始めることにしました。そして最初に、まきこに話をしてもらうと、彼女は次のようにクラスの仲間に自分の考えを述べたのです。

「ウサギに運動させないと、かわいそうでしょ。みんなもずっと家に入っているのはいやでしょ」

このまきこの意見に、ほとんどの子が賛成し、どうやってウサギの運動場をつくればいいか話し合うことになりました。すると子どもたち、「じょうぶにつくったほうがいい」「木でつくろう。前につくったみたいに」「走れるくらいに広くつくらないとだめだよ」「ピョンと跳んで出ないようにしなくちゃ」「跳び越えないくらいの高さにすればいい」と、話し合いを通して次第にイメージを固めてきたのです。

そしてその翌日から、柱にできる木材と、塀にする板（四歳児の時に取り組んだ家づくりの残り）を使って、三日がかりでウサギの運動場をつくったのです。


ウサギの運動場をつくったことで、エサをやって小屋の掃除をするこれまでの活動に、ウサギを抱いたり遊ばせたりといった活動が加わり、子どもとウサギの関係は大きく変化していくことになる。

そんな中、例の男の子もウサギを抱っこしようと運動場に行ったりするのであるが、抱いている途中で手を離してしまい、「落としたら、かわいそうでしょう」と他の子どもたちに批判される、そんな「事件」を引き起こしてしまうのである。周囲の子どもたちの非難の声に、「わざとじゃないよ」と言い返しながらも、けっきょくその子は部屋に帰ってしまったというのだが、せっかく持ち始めたウサギへの関心が、この事件でまた遠のいてしまうことを心配する記述が、保育者の記録には残されている。

が、いずれにしてもウサギのエサやりに関しては、あげたい子がエサを持ってきて、持ってきた子がエサをやるという、子どもたちが決めた当初の方法を、とにかく続けていたのである。

3　ウサギ当番はじゃんけんで

興味深いのは、この段階に至ってもまだ、保育者たちが当番活動の必要性を提案していない事実にある。あくまでも「必要性」と「必然性」にこだわり続けたが故のことなのだが、じつはそうこうしているうちに、誰もエサを持ってこない日が発生することになる。そこでさっそく保育者は、子どもたちを集めて話し合いを開始したという。

私たちは、「大変だよ」と言いながら子どもたちを集め、エサを誰も持ってこなかったことを話しました。すると、「えっ」という表情をしながらも、子どもたちなりに意見を語り始めました。

D「大丈夫だよ。草を摘んであげれば」

保育者「じゃあ、毎日誰も持ってこなかったらどうする?」

E「毎日、草をとってあげればいい」

保育者「誰が？」
E「誰かが」
保育者「誰もやらなかったら、どうするの？」
F「もってくる人を決めたらいい」
保育者「そうか。明日は誰が持ってくるってわかっていると安心だね」

こんな話し合いを経て、次にエサを持ってくる人をどうやって決めるかという段階になったとき、Gが「じゃんけんがいい」と言った言葉をきっかけに、クラスの雰囲気はじゃんけんで決める方向に傾いていきました。そこで、毎日じゃんけんをして、翌日エサを持ってくる子を決めることにしました。

子どもたちが、当番の「必要性」を感じるきっかけとなった「事件」は、けっきょく「じゃんけん」という手段で決着することになる。おそらく保育者の立場からすれば、「でもじゃんけんだとね……」と、一言口をはさみたくなる場面なのだろうが、そこをがまんして子どもたちの決定にまかせたところがおもしろい。

じゃんけんでエサやりの人を決めることを決めてからというもの、当たった子どもは大喜びなのだが、負けた子どもは悔しがるという場面が、毎日のように教室の中でくり広げられることになる。そんな中、例の男の子などは、負けると「やったー、これで遊べる」という感じで、あいかわらずクラスの雰囲気に水を差すような言動を続けていたのだという。

しかしながらそれよりもクラスの中では、毎日じゃんけんでエサやりの人を決めていると、決めるまでに時間がかかることが問題になっていく。そこでも数日間、じゃんけんをくり返した後、「他によい方法はないかな」と保育者が提案すると、「じゃあ、クジ引きにしよう」ということになり、今度は毎日、降園前にクジ引きをするようになっていったというのである。

おもしろいのはそんなことをくり返しているうちに、子どもたちの中からクジ引きの不合理を訴える声が出てきた点にある。何度引いてもクジにあたらない子たちが出てきて、持ってきたいのに自分の番がやってこない不満が、子どもたちから出てきたのだという。

そこで保育者たちは、そんな不満の声をとりあげながら、再度話し合いを開始したという。以下はその時の記録である。

不満を言っている子どもたちから話を聞くと、「何回もやっている人がいるのに、私は何日たっても回ってこない」と言うのです。それではどうしたらいいだろうと話し合いを始めたのですが、一方ではエサやりが回ってこないことを喜んでいる人もいるし、動物を触ると痒くなってしまうので、やりたくても世話ができない人もいることを伝え、そのうえで、みんなが気持ちよく世話できるようにするには、いったいどうしたらよいのだろうと投げかけていきました。

すると、大半の子どもが「順番にすればいい」という意見になり、当番表をつくって順番にすることになっていったのですが、それでも「やりたくてもできない人はどうすればいいか考えてほしい」と再度質問すると、「マスクをしたり、手袋をしたら大丈夫かもしれない」「エサの準備だけして、小屋に入れたり、掃除をしたりは一緒にやる人がやればいい」という感じで、協力・分担していく方向で話はまとまっていきました。

そして最後に、それでは「やりたくない人はどうするか」という話になったのですが、これに対しては、「ウサギは幼稚園のウサギなんだから、みんなで世話したほうがいい」「自分だけやらないのはずるい」「自分の遊びをしたい人は、他にもいる」と、かなり厳しい意見が相次ぎ、最初からこだわっていた男児も、「ぼくもやる」と意思表示したのです。

けっきょくこうやって、子どもたちが当番の「必要性」を実感し、実際に順番を決定していくまで一ヵ月の月日を要したわけだが、じつはこうした時間が、子どもの発達には必要だったのだろうと思われる。

そのことは、最初いろいろと抵抗していたあの男の子が、最後は自分からすっきりした感じで参加するようになった姿にも見て取ることができる。最初、「拒否と抵抗」という形でしか参加できなかった彼が、次第に「茶化す」ことで参加し、運動場づくりに関わっていったりするなかで、時間とともにエサやり当番に対する「参加の距離」を縮めていった事実が重要なのである。つまり、彼が自らの要求として当番に参加するようになるまでには、やはり一ヵ月余の試行錯誤の時間が必要だったということであり、その時間の経過の過程で、自分の意思で次第にその距離を縮めていった点が大切なのである。

これら一連の活動を見ていると、活動を発展させる原動力となる「必要性」と「必然性」は、子どもたちの「要求」と「現実」との間で生み出される矛盾の中に存在しているということがわかる。そして保育実践は、その「要求」と「現実」の間につくり出される「矛盾」を子どもたち自身が自覚し、克服していく営みの中で展開されていくということがわかるのだが、こうした展開過程の意味をさらに考えさせてくれる実践事例として「海賊の小屋づくり」と「虫博士との出会い」の実践がある。

前者は、海賊ごっこをして遊んでいたグループが、自分たちの小屋がほしいと言って小屋づくりにチャレンジしていった活動であり、後者はクラスの中で「虫博士」と呼ばれる男の子が、持ってきた蜂の巣の正体を探求していく過程を他の子たちが共有していく実践である。それぞれおもしろい内容になっているので、この部分については、保育者自身の描く「実践記録」という形で紹介してもらうことにしよう。

（加藤繁美）

気分はすっかり海賊

次々に木登りに挑戦

4　海賊の小屋をつくろう（実践記録1）

①　木登りから小屋づくりへ

年長組になってしばらくたった六月のある日、園庭で遊んでいたこうじが「この木に登れるかなあ」と桜の木を見上げてつぶやいた。なかなか自分のやりたい遊びを見つけられずにいたこうじだったので、教師も一緒に見上げながら「やってみようか」と促す。足がかけられそうな木のこぶを見つけて、いろいろな方向から試してみるがなかなかうまくいかない。いつの間にかたくじやももこ、よしえが集まってきて一緒に挑戦し始める。こうじが「ロープにつかまったら登れるかもしれない」と言うので、倉庫から長いロープを出して来る。はしごを使ってロープを枝にしばり、それにぶら下がりながら登ることにする。何度か挑戦するうちに大きな枝のところまで登れる子どもが出てきた。最初に登り着いたのはこ

いろいろな渡り方に挑戦

ロープ渡りの修行開始！

うじ。「眺めがいいよー」「遠くまで見える！」と叫んでいる。保育者が「これがあるともっと遠くまで見えるかもしれないよ」と保育室から双眼鏡を持ってきて渡すと、「すごい」「向こうの方まで見えるよ」と大はしゃぎする。早く見てみたいと他の子どもたちもがんばって登るようになった。

一週間がたったとき、いつものように枝に座ってまわりを眺めていたこうじが「なんか海賊みたいだよね」と言い出した。他の子どもも「ほんとだ」「見張りだ。海賊の見張り」と賛同し、交代で登っては「見張り」と称して順番に双眼鏡をのぞくという遊びになっていった。

それまでの活動は、遊びが見つからなかった（見つけてもすぐにやめてしまうことが多い）こうじが自分で見つけた遊びに取り組み充実感をもってほしいという願いはあったものの、どのように発展させていけばよいかという見通しがあるわけではなかった。しかし、「海賊」「見張り」という言葉が出てきたことで、それまでの「木登りに挑戦する」活動がもっとわくわくする活動へ発展していきそうだという手応えを感じた。そこで、クラスみんなで集まったときに様子を紹介したり、木登りに誘ってみたりした。

ももこは「海賊」から宝探しへとイメージが広がり、「海賊って宝を探すんだ

枠組みづくり

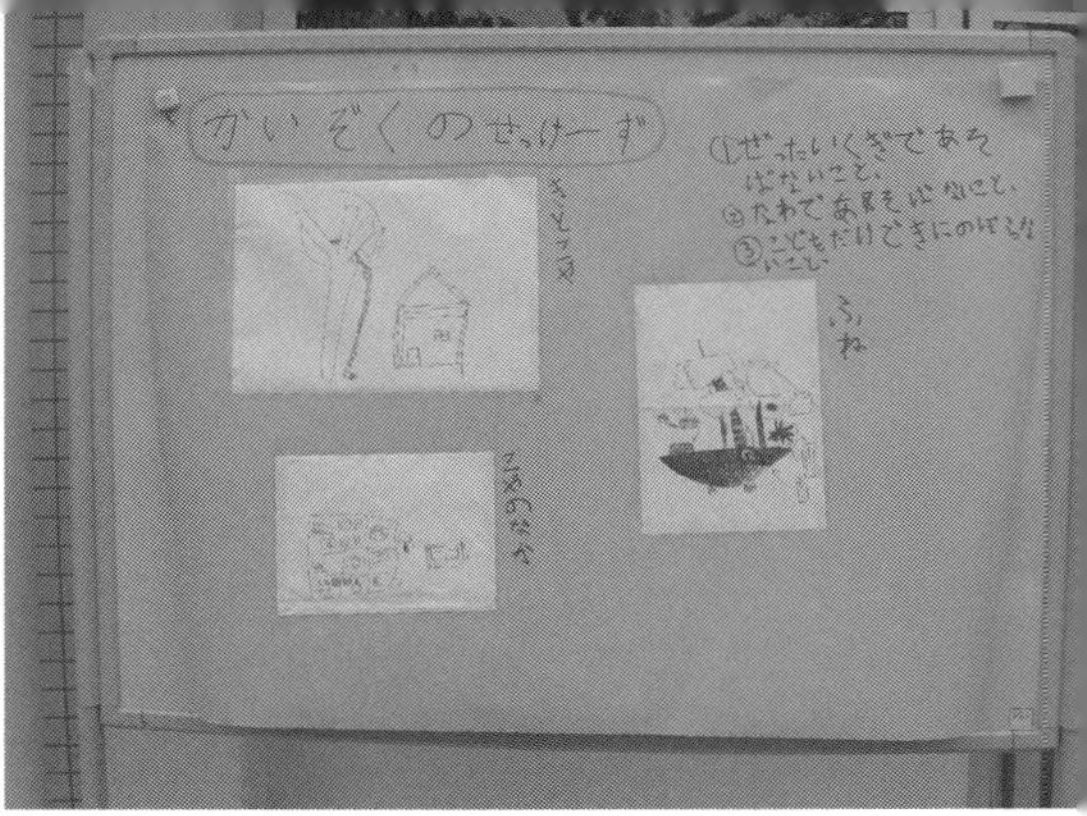

一日がかりでかいた設計図

よね。宝をつくらなきゃ」とよしえやちはるとともに金貨などの宝や宝箱をつくり始めた。次の日、できあがった宝箱を園庭に隠してきて「あー、早く宝を隠した場所を忘れないかなー」「だってさー、早く探したいんだもん。探すためには忘れなくっちゃ……」と言って木登りをしていた。

たくやは、海賊から修行というイメージをもったようだ。「海賊ってさー、修行するんだよ」と修行の場をどこにするか考えている。教師も「見張り」の木の近くで「修行」のようなことができないか考え、「海賊って嵐の時でも船に乗ってるんだよね。きっとロープとかにつかまってるの大変なんじゃない?」とロープ渡りを修行にするのはどうかと提案する。木と木の間にロープを張ると、他の子どもたちも集まってきて「修行」が始まった。「今度は、手だけでぶら下がって行くことにしよう」といろいろな渡り方を考えながら、くり返し挑戦する姿が見られた。

そうして一週間くらいすぎたある日、「海賊」のメンバーが集まって何やら話をしている。「海賊の小屋をつくればいつでも見張りができるよね」「そうだよ。夜もここで寝られるし……」「修行にもすぐに行けるし」「つくろう、つくろう」と盛り上がっている。「どんなふうにつくりたいの?」と聞くと「木だよ。木で

壁づくり

黙々と作業に打ち込む

つくるの」と目を輝かせている。「設計図を描くから……」と保育室に戻り、ももこを中心に話をしながら一日がかりで図を描いた。設計図をみんなが目につくところに貼ると、イメージがはっきりすると同時に、本当にやりたい、完成させたいという思いがふくらんでいるのが感じられた。

2 海賊の小屋をつくろう

幼稚園にある使えそうな材木を集めてきて、どのようにしてつくればよいか考えることにした。のこぎり、金槌、釘抜き、数種類の釘なども準備した。「ぼく得意だから手伝うよ」といろいろな子どもたちが作業に関わるようになった。あらかじめ釘を板の厚みに合わせてみて適当な釘の長さを選んだり、壁に板を貼るときには、釘をうってからのこぎりで切ったほうが合わせやすいことなどに気づき、伝え合ったりしながら作業を進める様子が見られた。保育者は、「あんなふうにやってみたい」と子どもたちが思えるような作業のモデルに徹しようと、黙々とできるだけかっこよく釘を打ったりのこぎりで切ったりするように努めた。

作業に疲れると、子どもたちは「今日は修行の日にしよう」とロープ渡りをしたり、宝探しをするために「宝をつくろう」という日があったりと、息抜きをしながらも「海賊の小屋をつくりたい」という気持ちは続いていった。

六月後半からはプールでの活動が増え、活動の時間を十分に確保できない日が続いたが、少しの合間でも「行ってくるね」と金槌を持って作業していた。壁の半分くらいができたところで、夏休みを迎えることになったが、「絶対続きやるからこのままにしておいて」と言うので、その気持ちを尊重し、「二学期になったらすぐに始められるように整理しておこう」と木材や道具類などを一緒にとっておくことにした。

夏休みが終わって登園すると、昨日までやっていたかのようにすぐに作業に入る姿が見られた。中でももこ、よしえ、ちはる、まゆみは意欲的で、毎日作業に加わるようになる。毎日こつこつと釘を打つという同じ作業をくり返しながら、よしえ「ねぇ、海賊ってこうやって自分たちで家つくってたのかなー」（こんな大変なことしてたのかなという意味で）、ももこ「だって海賊が家つくっているの見たことないもんねー」と不思議な一体感を感じながら穏やかに作業をしていた。

3 小屋は誰のものか

そんなある日、ももこが「最近、男の子たち全然やってないよね」と怒ったように言い出した。「もう……、聞いてくる！」とももこ。みんなでこうじやたくやのところに行って「もう海賊やめたの？」と詰め寄っている。「やめてはいないよ」とこうじ。「じゃあ、どうするの？」「やらないんだったら、小屋ができても入れてあげないよ」とまゆみやちはるも一緒になって言っている。すると、こうじが「僕が隊長なんだよ」と居直ったように言う。「えーっ、ちゃんとやらない人は隊長って言わないよ」「隊長は失格だよ」と口々に言われ、「じゃあ、行くよ」と友だちを誘ってその日は小屋づくりに参加した。取り組み始めたものの、また数日するとふらっとどこか他のところに行ってしまう。時々やってきては、少しやって「僕も仲間だからね」と言いおいてまたどこかへ行ってしまうことが続いた。

ももこたちは半ばあきらめて、「もう、しょうがないから何回か手伝った人は仲間っていうことにしてあげようか」「でも、隊長はだめだよね」「もうこうじくんは隊長じゃないことにしようね」と話し合っている。毎日いろいろな子どもが入れ替わりながら関わっていたが、ももこをはじめとする四人は最後までずっと小屋づくりに取り組み続けた。だんだんに「何回か手

お父さんが応援に来てくれた

伝うと仲間になれるらしい」という情報が年長組の間で浸透し、様子を見に来る子どもたちが増えてきた。

④ 絶対に屋根をつけたい

壁がほとんどできあがると、「家がぐらぐらしてきた」「屋根もつけたい」という課題が出てきた。教師が、屋根は木でつくるのはむずかしいからビニールシートをかけてつくったらどうかという提案や薄い板を使ったらどうかという提案をしてみたが、設計図の通りにつくりたいという思いがあるらしく「絶対に木でつくりたい」と譲らない。そんな時、たくやが「ぼくのお父さんは家を建てたりする仕事だから聞いてみるよ」と言い出した。その結果待ちということで、その日の話し合いは終わった。次の日、たくやは登園するとすぐに小屋のところに飛んで行き、「聞いたよ。ぼくのお父さん火曜日なら仕事がお休みだから幼稚園に来てくれるって」とうれしそうに報告し、他の子どもは「やったー」と歓声をあげ喜んでいた。保育者が母親を通して連絡を取り、来園してくださる日程を決めた。同時に父親に今までの小屋づくりの経過を話し、これまで子どもたちがつくって

完成間近

きたものは生かして、どのようにしたら課題が解決できるかを教えていただきたいということを伝えておいた。

次の火曜日に、たくやの父親が来園し小屋を見てくれた。「ここまでよくがんばったね。すごいものができた」と中に入ってみたり、手で触って確かめながら子どもたちを十分に認めてくださり、子どもたちはとても満足そうな顔をしていた。そして、「ぐらぐらしてきた」という課題には、木材を斜めにして固定すればよいことを教えてくれた。「こうしとけば台風が来ても大丈夫なくらいしっかりするんだよ」「ここをのこぎりで切ってみて」「こっちを釘で止めてみようか」など手順を示し、子どもたちと共に作業しながら関わってくださった。「屋根を木でつくりたい」という課題には、「これは、みんながやるのにはむずかしいから、三角のところだけはおじさんがつくってあげるね」と骨組みの部分をつくってくれることになった。その骨組みに合わせて屋根の板の長さを切ることや、できるだけつめて貼っていくことも教えてもらい、俄然張り切って作業をする姿が見られた。それから一週間くらいで壁と屋根が完成した。

玄関もひと工夫

なかなか居心地がいいのです

⑤ 完成間近

屋根ができると今度は、「早く床をつくりたい」「ここで寝たい」「ここでお弁当を食べたい」という気持ちが高まってきた。保育者は床までは必要ないと考えていたが、子どもたちの強い要望に押されて何とかしなければと考えた。幼稚園にあった階段の廃材を使うことを思いつき、子どもたちに話してみた。「それはいい考え」とさっそくブロックをしき、そこに厚い板（階段の廃材）を乗せていくことにした。重いブロックを何度も運び、並べていく。どのようにしたら広くなるかとパズルのように動かしながら考える姿も見られた。すき間は「靴置き場にしよう」というアイディアが出され、棚を運び入れた。床ができるととても小屋らしくなり、そこに座ったり寝ころんだりとここまでできた喜びを表現していた。

しばらくすると、「小屋をペンキで塗りたい」という要望が出てきた。「何色にしたらいいかよく考えてね」と声をかけると、みんなで小屋の中に入り真剣に相談している。途中で色鉛筆を取って来て、小屋の絵を描きそこに色鉛筆を置いて

ドアづくり

順番に中でお弁当を食べる

何色にするか考えている。「海賊は目立ったらだめだよね」とももこ。「じゃあピンクとか赤とかはなしね」とよしえ。「まわりの色と同じ色にすればいいんじゃないの」とちはる。「そうだ、それなら目立たないよね」「じゃあ何色」「木の色と草の色は？」「そして空の色がいいよ」と話が進み、屋根は茶色、壁は深緑、そしてドアは水色に決まった（ドアはまだできていなかったが）。完成間近で、わくわくしながらペンキを塗る子どもたち。色を決めた子どもたちの指示に従って、他の子どもたちも筆を動かしている。一週間くらいかかってペンキを塗り終える。

6　みんなを小屋に招待しよう

できあがった小屋に集まって、数人で何やら相談をしている。せっかくできた小屋にみんなを招待しようというのである。「何人くらい入れるかな」「ここでお弁当食べられるよね」「私たちはいつもここで食べることにしようよ」「じゃあ三人ずつくらいなら招待できるよね」と、名前の順（名簿順）に三人ずつ招待することになった。「かいぞくのうちがかんせいしました。おべんとうをたべにきてください」という手紙を書いてきて、「これを人数分印刷したい」と言う。毎日

いよいよドアの取りつけ

子どもが描いた海賊の家

三人ずつに届けるというのである。「僕の番はまだ?」と聞かれると、「○ちゃんが来て、○ちゃんと○ちゃんの次だからあさってくらいかな……」などと答えている。招待するほうもされるほうもとてもうれしそうである。

7 お父さん、また来てください

何日か小屋の中でお弁当を食べる日が続いた。すると、また新たな要求が浮上してきた。「ドアをつくりたい」というのである。「だんだん寒くなってきたから、ドアがないとだめだ」ということらしい。どうしたらいいかと思いつつ、他の遊びに関わってその日は終わった。保育終了後、「ドアをつけたいって言ってるんだけど、どんなふうにしたらいいかな?」と保育者間で話題を出すと、他の保育者が「えーっ、それならさっき手紙をたくやくんに渡してましたよ」と報告した。その手紙には「ドアをつけたいので、つけかたをおしえてください。おしごとがおやすみのかようびかすいようびでいいです。おねがいします」と書いてあったとのことだった。

数日後、たくやの父親が再び幼稚園にやって来た。床までできていたことに驚き、「すごいのができた」と何度も子どもたちに賞賛の言葉をかけてくれた。そして、寸法を測り幼稚園にあった板を合わせてドアをつくり、ちょうつがいで小屋に取りつける方法を教えてくれた。釘をうつよりもネジで止めたほうが強いということも教わり、交代でドライバーを持ち、ネジを締めていった。そして、空色のペンキでドアを塗り、五ヵ月に及ぶ海賊の小屋づくりが一応の区切りを迎えた。

8 ふり返って

保育者は、はじめから長期的な見通しをもっていたわけではなく、子どもたちと作業を共にしながら興味がどこにあるのか、またそのことについてどのくらい知識があるかを探りつき合ってきた結果、五ヵ月という長期の活動となった。そのなかで、子どもたちは保育者とアイディアを出し合い対話することを通して、自分のアイディアを人にわかるように表現する方法や、ぶつかった課題をどのように解決していけばよいかを考えるようになってきた。保育者は子どもの生活の中から出てきた興味や関心に沿いながら、子どもたちと一緒に活動の展開過程を充実させていく役割を担っている。目的に到達させることではなく、展開過程そのものが大切なのだということを実感させられた。

（神永直美）

5　ぼくもなりたい！　虫博士（実践記録2）

①　ハチ博士からきた手紙の返事

けんじは虫が大好きで、登園するとすぐに虫探しに行き一日を過ごすような子どもである。他の子もけんじが虫に詳しいことをよく知っていて、知らない虫を発見すると必ず、「けんじくんに聞いてみよう」と言うほどである。他にも虫好きの子はたくさんいるが、けんじほど虫に関していろいろなことを知っている子どもはいない。

そのけんじが、ある日幼稚園に小さなハチの巣を持ってきた。「これ、うちの庭のゴルフ練習の網のところについてたんだ。ぼくが見つけたんだよ」と幼稚園中を持ち歩き、子どもたちに見せて回っている。「もう、中にはハチはいないの？」と声をかけると「うん。いないと思うよ。もうどこかに行ったんじゃないの」とけんじ。「どんなハチがいたんだろうね」と聞くと、ハチの巣をのぞき込みながら「たぶん穴が小さいから、そんなに大きなハチじゃないと思うよ。ツチバチでもないし……」と知っている知識を総動員して予想をたてている。「うーん、でもわかんないや」とけんじ。

保育者は、大学にハチ研究で有名な先生がいて以前にハチの話を聞いたことを思い出した。「けんじくん、それが何て言うハチがつくった巣なのか知りたい？」と言うと、目を輝かせて「うん」と大きくうなずく。「私が知っている人にハチ博士がいるのよ。ハチの研究で世界中を回ったりしたんだって。きっとハチの巣のことも詳しいと思うんだけど……。その人にお手紙書いたら教えてくれるかもしれないよ」と提案してみた。けんじが「でも、ぼく字が書けないよ」と心配していると、となりで話を聞いていたまさみが「私が書いてあげるよ」と紙とペンを持ってきた。「はちのなまえをおしえてください。」とまさみが書き、その横に、採った場所（けんじの言葉）を保育者がつけ加え、ハチの巣を同封して大学に送ることにした。同時に、けんじが虫に大変興味をもっていること、図鑑を見るのが大好きでいろいろな虫の知識があることなどを知らせ、ぜひ返事をくださいとお願いのメールを出しておいた。そして、クラス全体でも話題にし「返事が来るといいね」と話した。

二日後、待望の返事が来た。

けんじくんへ

こんにちは。きょう、はこにはいったはちのすをみせていただきました。けんじくんのおうちのにわで、みつかったそうですね。

　これは「こあしながばち」のすです。かんとうちほうには、5しゅるいのあしながばちがすんでいますが、「こあしながばち」は、にわのかきねのきのえだなどに、よくすをつくります。なかにはようちゅうやさなぎはなく、かんぜんにからでした。きっと、きょねんのはるからなつにかけてつくられた、ふるいすです。

　あしながばちは、はる（4がつのなかごろ）にえっとう（越冬）からさめたじょおうばちが、1ぴきですをつくりはじめます。ははおや（じょおう）がひとりでこそだてをするのです。そして6がつのおわりになると、はたらきばち（めすのはち）がうまれ、ははおやにかわってすをおおきくしたり、えさをはこんだりするようになるんです。7がつ、8がつになると、はたらきばちのかずもうんとふえて、すはおおきくせいちょうします。8がつのなかごろになると、つぎのとしのためのあたらしいじょおうばちとおすばちがうまれます。やがて、しんじょおうばちとおすばちはけっこんしますが、おすばちはふゆになるまえにしんでしまいます。はたらきばちもふるいじょおうばちも、ふゆのまえに、すべてしんでしまいます。じゅせい（受精）したしんじょおうばちだけが、かれはのしたやきのうろのなかでふゆをこし、よくとしのはる

ハチ博士から返事が来たよ！

にすづくりをするのです。あしながばちは、まいとしこのようなせいかつをくりかえしています。

こあしながばちはさいしょにつくったえ（すをぶらさげる柄＝支柱）のところから、いっぽうのほうこうにへやをふやしてゆきます（ずをみてください）。みせてもらったすのいくつかのへやには、いりぐちにしろいまゆがついていますが、これは、なかでそだったようちゅうがさなぎになるときに、じぶんのくちからはきだしたきぬいとでつむいだものです。さなぎはしろいまゆにかこまれてそだつのです。

すのやね（うしろがわ）をみると、やぶれたへやのそこに、くろいかたまりがありますが、これはようちゅうのだした「うんち」です。はちのようちゅうは、さなぎになるまえに、まとめて「うんち」のかたまりをへやのそとにだすんですよ。

けんじくん、なにかわからないことがあったら、またしつもんしてくださいね。

けんじに読んで聞かせると、長い文章だったが身動きもせず一心に聞いていた。そして、「コアシナガバチか

活気づく「虫研究所」

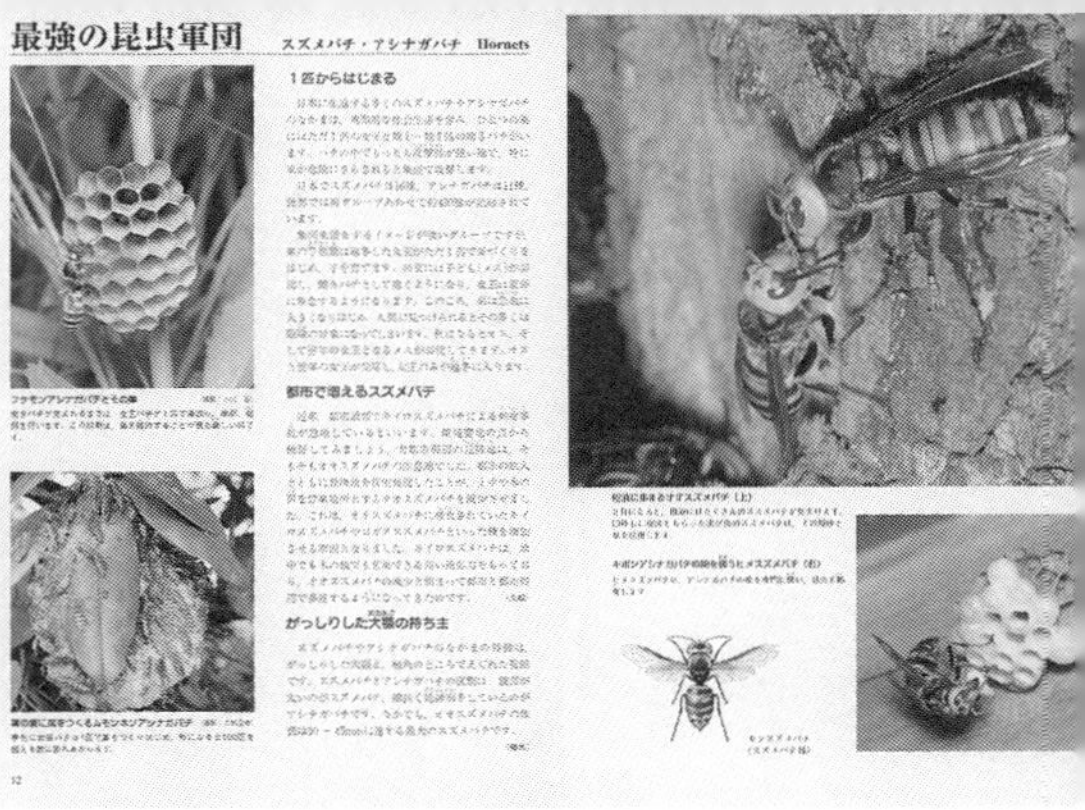

『ハチたちの一億年』より

ー」とつぶやき、たどたどしいながらも手紙を読み返していた。

その日、クラスのみんなが集まったときに手紙を読んで聞かせた。少しむずかしいとも思ったが、みんな真剣に聞いていた。専門的な話に何かいつもとは違った関心をもった様子だった。

次の日、手紙を拡大コピーして目につくところに貼っておいた。すると「虫研究所」（園庭のダンゴムシや青虫をつかまえて飼育したり、図鑑で調べたりしている）をやっているまさみたちが、真剣に読んでいる。また、遠足でミュージアムパーク茨城県自然博物館に行ったときに「ハチたちの一億年」（企画展）で買ってきたハチの本のことを思い出してページをめくっている子どももいた。「虫研究所」の子どもたちが、手紙のコピーを自分たちの研究所に置きたいと言うので、「みんなに見えるように工夫してくれるなら」という条件で研究所に貼っておくことになった。子どもたちの中に徐々にハチへの興味がわいてきたように感じられた。

② コマルハナバチの死骸を見つけて

それから十日ほどたったある日。バラのアーチのところで、ゆたかがハチの死

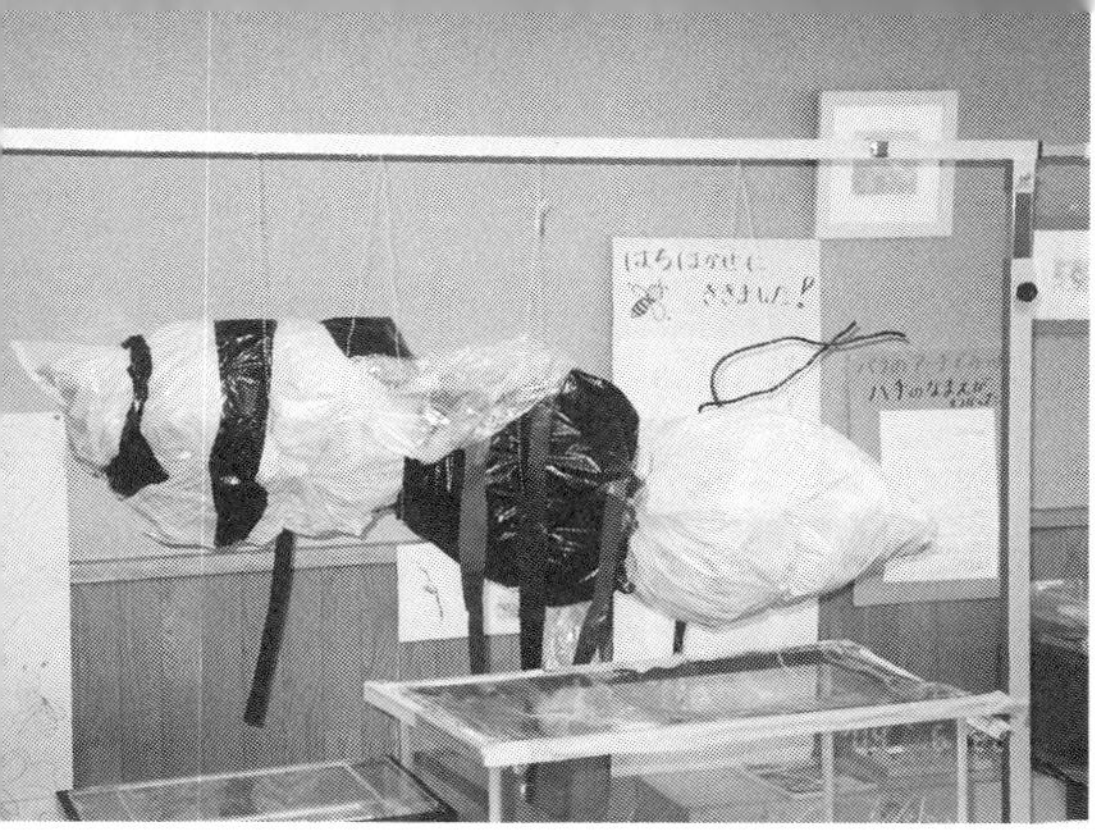

ミツバチの模型をつくってみた

遠足で自然博物館へ

骸を見つけて持ってきた。「これはクマバチだよね」と言ってみんなに見せている。けんじは、「コマルハナバチ」ではないかと主張する。だれかが「じゃあ、ハチ博士に聞いてみれば」と言い、再び手紙を書くことになった。ハチはフィルムケースに入れて同封した。

　すると、またすぐに返事が来た。「返事が来たよー」とみんなを集めて手紙を読んだ。

きりんぐみのみなさんへ

ハチのひょうほんとおてがみたしかにいただきました。

ハチのなまえはコマルハナバチ（こまるはなばち）といいます。（学名はBombus ardens）しゃかいせいかつをするハチのいっしゅです。このハチは〃はたらきばち〃できっとみつやかふんをあつめにきていたのでしょう。つちのなかのふるいねずみのあな（す）などをりようしてすをつくります。

このはちはいばらきけんでは、けんほく（県北）のやまにおおく、みとしないではめずらしいものです。よくみつけたね。

また、なにかみつけたらおしえてくださいね。しかし、ハチにさされないようにちゅういしてください。

マルハナバチ類（Bombus）は、ミツバチ科の1グループで、北海道や東北地方に多く住んでいます。

という内容だった。ハチの名前を見事に当てたけんじも、「水戸市内ではめずらしい」「よくみつけたね」と言われたゆたかも大喜びで得意満面だった。ハチ博士に認められた二人はこのうえなくうれしいという表情だった。その後、虫研究所が活気づき、小さな木箱に、コマルハナバチやクマバチ、スズメバチなどの標本（と言っても名前が書いてあって並べてあるだけ）をつくり展示していた。また、「ハチたちの一億年」で見た大きなミツバチの模型をつくり、他のクラスの子どもたちに見せたりした。

③ スズバチの巣、発見

それから一ヵ月くらいたったある日、けんじが園舎の外壁の上の方に小さなセメントの固まりのようなものを見つけた。最初は「これは、ぼくのうちにある巣に似てる。アシナガバチだよ」と言っていたが、日に日に少しずつ大きくなっていく巣を見て「やっぱり違うな。何バチだろう」と考え、「ハチが巣に入るところを見られるといいんだけど」と陰に隠れて長い時間見張っている。でも、なかなか巣に入るハチを見ることはむずかしかった。直径が五センチくらいになったところで、けんじが「これはドロバチの巣だ」と言い始めた。幼稚園や家庭にある図鑑で調べてきたらしい。クラスのみんなで集まったときに、けんじが見つけた不思議なハチの巣のことを話したり、ハチの巣の成長の様子を写真にとって貼っておいたりしたので、他の子どもたちも少しずつ関心を示すようになり、「ツチバチっていうのもいるんだよ」とか「ドロバチって土で巣をつくるんだって」という言葉が聞かれるようになってきた。

そうこうしているうちに、そのハチの巣が直径八センチくらいになった。そのときに、ハチ博士がとなりの小学校にいらっしゃるという話を聞き、見てもらうことにした。残念ながら子どもたちがいる時間ではなかったので、保育者がよく話を聞いておくという約束をしておいた。ハチ博士に聞くと、この巣はスズバチの巣であることがわかった。春から秋にかけて泥に唾液を混ぜて固めて巣をつくり、その巣は雨が降っても水をかけてもとけないということを教えていただいた。水でもアルコールでもとけないその成分は未だに解明されていないということだった。

けんじは、自分の予想とは違っていたけれども、何の巣かがはっきりしたことで、とても満足そうに保育者の話を聞いていた。そして、「そのハチの唾液が何でできてるかを研究して、それを発見したらノーベル賞をもらえるかも……っておっしゃってたよ」というと、はにかみながら笑っていた。

4 ハチ博士が取ってくれたキイロスズメバチの巣を囲んで

附属小学校の校庭の奥に小鳥の森という小さな森がある。その横の畑でアカカブを育てたり、ギンナンを拾ったり、年間を通して散歩に出かけたりと子どもたちにとって、とても馴染みのある場所である。十一月、サツマイモの収穫を終え、その小鳥の森で焼きいもをすることになった。毎年、小枝や落ち葉を集めて準備をするのは年長組の役目である。みんなで落ち葉拾いをしていたときのこと、笹やぶの方から「ハチの巣だー!」「大きいハチの巣見つけたー」と叫ぶ声がした。行ってみるとクマザサの藪の中に全長三十センチ、周囲五十センチはありそうな大きな巣があった。地面から一メートルくらいのところにあったので、ちょうど子どもの目線で見つけることができたのだろう。興味をもっている子どもは大勢いるが、まだハチが中にいるという可能性もあったので、「刺すかもしれないから……」とひとまずその場から離れて静かにすることを話す。子どもたちのなかから「ハチ博士に聞いてみようよ」という言葉が聞

年中さんも見に来ました

キイロスズメバチの巣

かれた。さっそく、メールで問い合わせてみると、新しい巣か古い巣かわからないので、近寄らないようにとのことだった。そして、数日後ハチ博士が巣を取りに来てくださった。

キイロスズメバチの巣ということがわかった。杉の木の皮を口でかんで、唾液をのりの代わりにしてつけていること。この巣は去年の巣で、もう中にはハチはいないこと。一番多い時で（去年の九月頃）三百〜四百匹のハチが住んでいたこと。出入り口はひとつということ。この巣の中で女王蜂が百匹くらい生まれ、外へ飛んでいきそれぞれが葉っぱの下などで冬を越すことなどを教えてくださった。

さっそく、大きな巣を大きなガラスケースの中に入れ、ハチ博士から教えていただいたことをまとめてみんなの目につくところへ展示した。子どもたちは、その巣の大きさとそれを小さなハチたちがつくったことに驚いていた。何日か巣を見ながら過ごしていると、「巣の中はいったいどうなっているんだろう」という興味がわいてきたようだ。保育者が「寝る部屋とか食事の部屋とかがあるんじゃない？」などと言うと、「違うと思うよ。小さい部屋がたくさんあるんだよ」と巣の下の穴から見える六角形が並んでいる様子をのぞき込んでいた。そこで、年

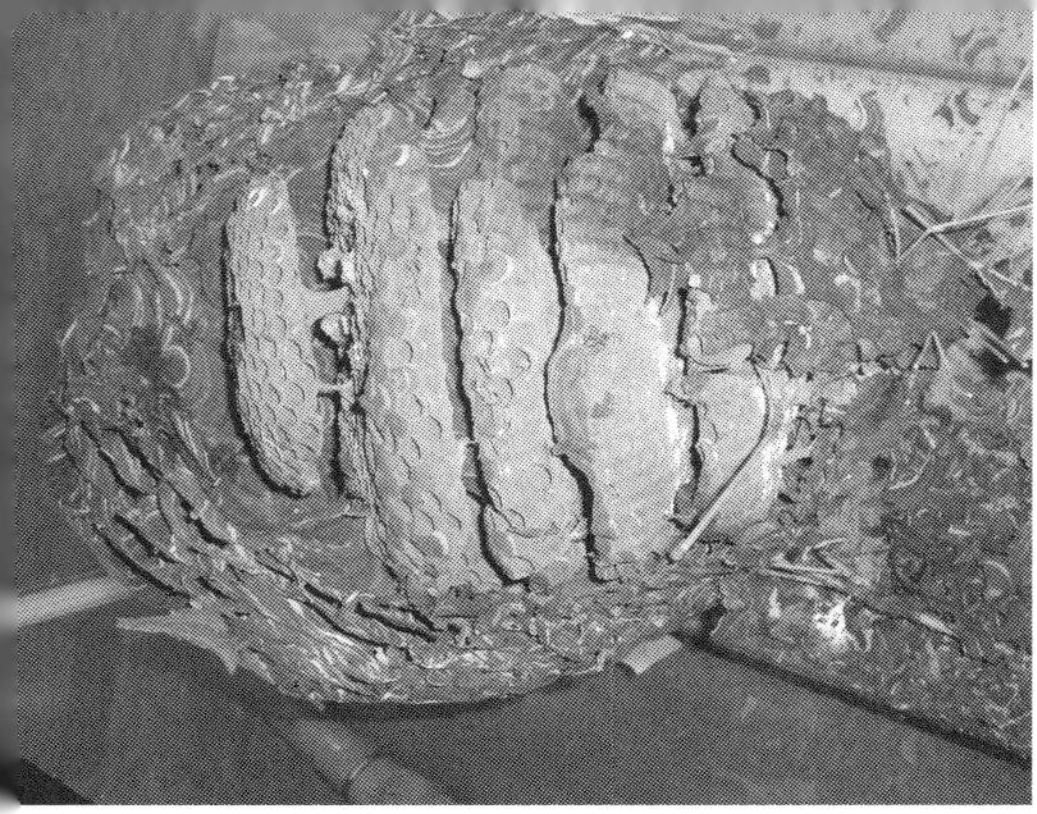
中は六層にわかれていた

巣の中を見てみよう

長組がみんなで集まったときに、巣を切って中の様子を見てみようということになった。大きな巣をナイフで縦に割ってみると、中は六層になっていた。六階建てのマンションである。それを見た子どもたちの中から「わーっ、すごい!」と歓声が上がった。

5 ふり返って

正直ハチがこんなに興味をそそられる昆虫だとは思わなかった。ハチにも刺すハチと刺さないハチがいるとか、社会をつくるハチと単独行動のハチがいるとか、ハチによって巣のつくり方がまったく違うとか……奥が深く、おもしろいと思った。

ハチ博士は、ハチのコミュニティーの研究のために何千何万というハチにナンバリングし、何ヵ月も朝から晩まで観察をしたという話を聞いたが、そのような経験の上に立った知識の重みはすごいとしみじみ感じた。

きっと、身の回りのいろいろな生き物や植物、その他のもろもろ……についても専門の人の話を聞くときっとまた違う世界が見えてくるのではないかと思う。

子どもたちもハチ博士の手紙を読んだり話を聞いたりしたことで、それまではハチを見つけると「キャー!」とひたすら逃げていたのが、保育室にハチが入って来ても、「騒がなければ大丈夫だから静かにして」とか「何バチだろうね?」とじっと見つめる様子が見られるようになった。ハチと一言で言ってしまうが、いろいろな種類や名前があること(十万種類以上あるらしい)がじわじわとわかってきたようである。

このような出会いをどのようにつくっていくかが、保育者の大切な仕事のひとつなのだろう。

(神永直美)

6　カッパと出会った子どもたち

読んでもらえばわかるとおり、同園の実践はこうやって、興味と要求を共有する小さな集団が、その要求を拡大しながら活動を発展させている点を特徴としている。それは、小さな「学びの集団」が、並行的に組織されるイメージで理解してもらえばいいのだろうが、それでも保育者たちは、それぞれ別個に展開される「学び」の過程を、壁新聞で掲示したり、帰りの会で発表しあったりと、クラス全体がいつも共有できるように心がけて実践している。

ところがこうした中、学年の子どもたち全員を対象に、保育者たちが仕掛けていった活動が一つある。新潟中越地震支援プロジェクトの中で、子どもたちが「カッパギンナン」というブランド名にこだわった、あのカッパにまつわる一連の実践である。

じつはこのカッパ、九月に実施される宿泊保育に登場してくるのだが、第3章で扱うことになる「池再生プロジェクト」など、あれやこれやの活動にちょくちょく顔を出してくるのである。

こうしたファンタジー遊びの評価をめぐっては、幼児期の「学び」に関わらせて、もう少し違った視点から議論していくことが必要となるのだが、ここではとりあえず、附属幼稚園のもう一つの実践として、カッパと子どもたちの出会いの顛末を、時間の流れに沿って紹介しておくことにしよう。

子どもたちとカッパとの最初の出会いが、九月に実施された宿泊保育にあったということはすでに紹介したが、じつはその前の年までは、これがカッパではなくてトトロだったのだという。それをこの年、カッパに変更した直接の理由は、どうも活動がマンネリ化して、保育者自身ドキドキするようなおもしろさを感じられなくなってきたことにあるらしいのだが、そのあたりの事情を、保育者たちは次のように語っている。

ここ数年、「となりのトトロ」の世界を保育に取り入れてきた。宿泊保育でトトロの気配を感じられるような仕掛けを保育者が考え、子どもたちにトトロが本当にいると信じさせていく、ファンタジー遊びを楽しんでいったわけである。

宿泊保育でこうした経験をした子どもたちが、「またトトロに会いたい」という思いを強くしていったのをきっかけに、今度は商品をつくりお店を開いて旅費を集め、そのお金で遠足に出かけるなど、毎年のように活動を発展させていた。最初に取り組んだ時は、子どもも保育者もわくわくし、何をするにも手探りでとても盛り上がった。しかしこの取り組みが何年か続き、毎年同じようなことをくり返すうちに、保育者自身も新鮮さを感じなくなっていき、「もうトトロはいいよ。何か他のものはないかなぁ……」とぼんやりながら考えるようになっていた。

ここで、「もうトトロはいいよ」と考えていたのは神永さんのほうなのだが、一方の平野さんは同じ時期、「(恒例となっていた) 三学期のお店開きは、今年の子どもたちにとって本当に必要なんだろうか」と漠然と考えていたのだという。

そこで宿泊保育の企画をめぐって議論している中、こうした活動を見直していこうという思いが重なり、新たな活動を考えていくことにし、次のような話し合いをしていったのだという。

神永「今年は何でいく?」
平野「海ぼうずとか……?」
神永「でも泊まるのは、山でしょ」
淀縄「だいだらぼうはどうでしょう」
平野「もののけ姫に出てくるこだまなんて、かわいくていいんじゃないですか?」
神永「カッパはどう?」

淀縄「カッパ〜!?」
平野「子どもたち、知ってますかねぇ」
神永「あのねー、カッパをバカにしちゃいけない。知り合いでカッパを本気で研究してる人とかいるんだよ」
平野・淀縄「へ〜……」

こんなやりとりを重ね、宿泊保育の際に、カッパと出会っていく場面を設定していった。よくよく調べてみると、宿泊保育で行く山方町家和楽（久慈川）にはカッパの昔話が存在していた。ファンタジーのつもりが、なにやら現実味を帯びてきて、保育者もこれから始まろうとしている「カッパ伝説」との出会いにわくわくしてきた。

こんな感じで、子どもたちとカッパの出会いの場面が仕組まれていったわけだが、考えてみたらこれは、神永さんの「思いつき」に端を発した活動ということなので、三人の保育者もそれほど深く考えて取り組んだものでもなかったのだろう。が、それでも子どもとカッパをどのように出会わせていくかという演出はいろいろと考え、けっきょく次のような道筋で活動を展開していくことを計画に盛り込んでいったという。

Ａ　九月八日　「青少年の家」の館長さんから「みんなが来るのを待っているよ」という内容の手紙が届き、宿泊保育への思いを膨らませる。

Ｂ　九月九日　誕生会で保育者がカッパの歌と踊りを披露し、子どもたちにカッパに対する興味をもたせる。

Ｃ　九月十日　子どもたちが再生に向けて努力している池に、「水がきれいで生き物がたくさんいた頃は、よくこの池にも遊びに来ていた。また遊びに来たいと思っている。今度泊まりに来る家和楽でみんなを待っている」という内容の手紙を置いておき、その手紙をきっかけに、久慈川のカッパが子どもたちにとって身近な存在となる。

おそらく保育者たちの計画の中では、これですべてうまく進んでいくはずだったのだろうが、実際にはかなり計画と違った展開になっていった点がおもしろい。何といっても想定外だったのが、子どもが喜ぶと思って準備したカッパの踊りだったという。そしてその後のカッパとの出会いも、予想外の展開を見せていったというのである。そのあたりの顛末は、やはり保育者の言葉で紹介してもらうことにしよう。

八月生まれの誕生会で、保育者が『カッパがわらう』（作・新沢としひこ）という歌に合わせて劇とダンスを披露した。何でも悪いことはカッパのせいにしてしまおうという内容のこの歌は、宿泊保育でおねしょの心配をしている子どもが少なくなかったこともあり、そんな子どもの気持ちを少しでも楽にできればという思いで選んだものでもあった。

♪ 1 さっきあったおやつがきえている
かっぱのせいだ　かっぱがわるい　ほんとだもん　ぼくじゃないもん
かっぱがわらう　けっけらけっけっけっけ
2 ガラスの花瓶が割れている……
3 ふとんとシーツが濡れている　パジャマとパンツも濡れている……

予想に反して子どもたちの反応は悪く（いつもの楽しい誕生会の雰囲気はまったくなく）、会場はシーンと静まりかえっていた。一緒に思わず踊り出すような子どももいない。いわゆる「ドン引き」状態……。
その後、子どもたちとカッパについて話し合いをすると、「子どもを食べるんでしょ？」「爪がとがってる」「頭にお皿がのってるんだよ」「妖怪だと思う」など、カッパについて知っていることを子どもたちは順に口にしていく。ところが出てくる情報が否定的なものばかりで、中には「こわい」とおびえ始める子もいた。「失敗したかな……」と、保育者三人とも思った瞬間であった。

子どもたちとカッパとの思わぬ出会いに戸惑いながらも、保育者たちの作戦は次々と実践されていくことになる。つまりその翌日に届いた手紙で、カッパとの新たな出会いを創出する予定だったが、それでもカッパを怖がっている子は「カッパが来たらやだ」と、むしろ後ろ向きになってしまい、ある母親からは「カッパが怖くて宿泊保育に行きたくないと言っています」という内容の手紙が寄せられたりと、予想外の展開となっていったのだという。

そこで保育者たちは、新たな手紙を書いたり、絵本を読み聞かせたり、カッパは子どもたちの友だちだと思えるような流れをつくっていくことになるのだが、そんな時、小川芋銭という画家が描いたカッパの絵と出会ったことをきっかけに（第3章で詳述）、子どもたちとカッパとの関係は一気に身近なものになっていき、最初は引いていた「カッパがわらう」の歌と踊りも、「そのあっけらかんとした歌詞、振り付けが楽しくなって、汗をかきながら夢中になって踊るようになっていき、宿泊保育（九月二十四日〜二十五日）のキャンドルファイヤーでは、最高潮の盛り上がりを見せた」ということである。

その後、カッパは年長組の活動の中でしばしば登場することになっていき、そんなこともあって三月に行なわれた保護者と年長児とのお別れ会の場では、母親たちがカッパに扮して「カッパがわらう」の歌と踊りを披露してくれるなど、園をあげての盛り上がりを見せることになっていったという。

以上が、同幼稚園の子どもたちがカッパと出会っていった顛末である。

この園の保育方針の中で、こうしたファンタジー遊びがどのように位置づけられているかということか、実践展開をどう評価するかという点に関して、ここでは深入りしないことにする。それは何といっても、園の中で意義をしっかり議論したうえで展開した実践というよりも、実際には保育者の保育をおもしろがる感覚が、偶然の思いつきで発展していった活動だと思われるからである。

ただ、それでもここであえて紹介したのは、こうした「思いつき」に端を発した活動が、けっこう子どもたちには大きな意味をもったものとして受け止められているからであり、保育者たちもことあるごとにこのカッパを保育の中に登場させているからである。

たとえばここでは紹介しなかったが、カッパから来た最初の手紙を池のそばにおいた理由は、次章で紹介する池づくりの活動をがんばるきっかけにしようとしたからだというし、その後、池の周囲にドングリを植える活動を展開していくときにも、「ここをドングリ山にしてほしい」というカッパからの手紙をきっかけにしているのである。

そしてこうやって考えてみると、教育的意義を考えて始められたわけではない一連のカッパの実践は、逆にこうしたカッパの利用法も含めて、保育実践論として私たちに問題をなげかけることになっているとも考えられる。

ということで、このカッパの実践については後ほどまた議論の対象とすることとして、話は池づくりのほうへと進めていくことにしよう。

（加藤繁美）

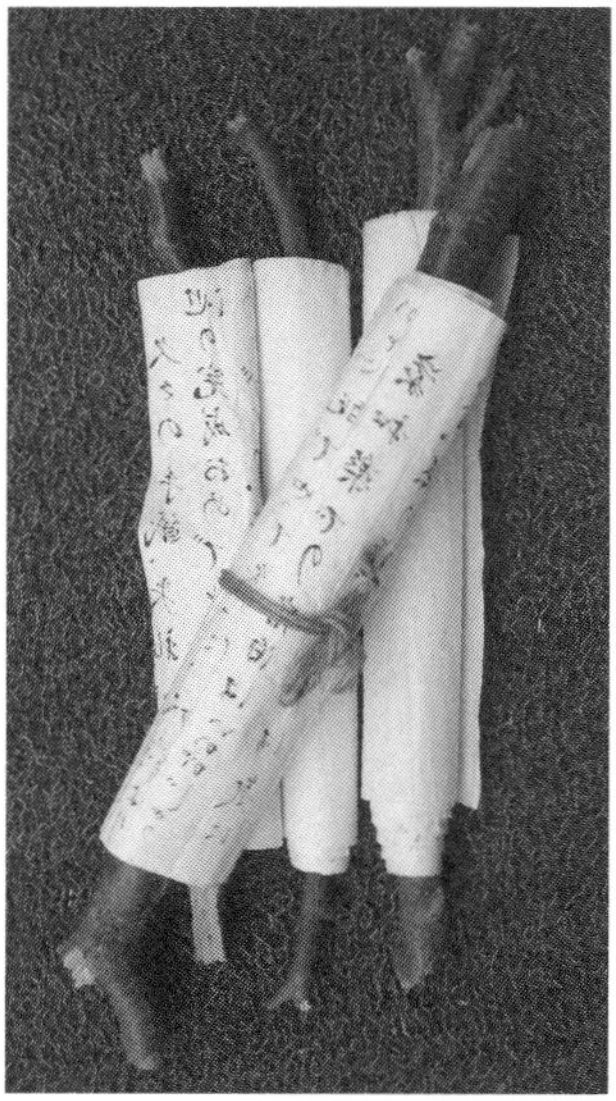

第3章
「誘導」と「対話」と「袋小路に追い込む話し合い」と

1　保育者の願いが先行して開始された「池再生プロジェクト」

さて以上みてきたように、この年、茨城大学教育学部附属幼稚園では、子どもの「要求」を起点にした活動を、「必要感」と「必然性」にもとづいて発展させていくことにこだわりながら、実践を展開している。

保育者たちがこれらの言葉にこだわっていったのは、幼児後期の「学び」を、「見つける・気づく・考える」という視点で構築していこうという園の方針にもとづいたものでもあったのだが、それよりも実際には、実践の展開過程でそのことの大切さを、保育者自身が学び取っていった点が重要なのだろうと私自身は考えている。

たとえば、前章で紹介したウサギの当番活動などはそのよい例で、この実践に取り組んでいく中で保育者たちは、子どもの「要求」にこだわって実践していくことの重要性を、改めて学び直していった感じなのである。

じっさい、ウサギの当番活動が軌道に乗り始めた五月の段階で、保育者たちは次のように年間保育方針の軌道修正を図っていったという。

進級から一ヵ月、新入児のお迎え、ウサギの当番活動など、進級後の取り組みが落ち着き始めてきた五月。五歳児としての保育をこれからどう組み立てていこうかと、年長組担任三名で話し合った。

その時の保育者の思いは、大きく以下の二点にまとめることができる。

まず第一は、五歳児として、みんなで一つの目的に向かって、何かつくり上げていく活動ができないだろうかという点。

そして第二は、一人ひとりの気づきや要求を広げながら実践を展開していきたいという点。

二点目の「一人ひとりの気づきや要求を広げながら」という思いを改めて確認していった背景には、おそらくウサギの当番活動などの結果なのだろうが、これをさらに五歳児にふさわしく、「みんなで一つの目標に向かって」実践を創造していく課題と常につなげて考えていこうとしたことが、おそらくこの年の実践の特徴を形づくっていくことになったにちがいない。

もちろんこの段階で保育者たちには、その後、海賊の小屋づくりが始まっていくことも、新潟中越地震に伴う活動に取り組んでいくことも予想できるはずはなく、いったい何を、「みんなで一つの目的に向って」取り組んでいく課題に設定すればいいのか、見通しなどなかったのだと思う。

しかしながらそんな中、保育者たちにはやってみたい活動が一つだけ明確に自覚されていたのである。数年前から議論になっていた、「園舎北面の自然豊かな環境を、より充実させて遊びに活用していく」課題が、それである。特に、「六年前、年長組の子どもたちと一緒につくった池が、この数年の間に水も枯れ、生き物もいなくなり、ガマノホがぼうぼうに生え、見るも無惨な状態になっているのを何とかしたい」と考えていた保育者たちは、池を再生する活動を、課題として確認し、計画を具体化させていったようである。

もちろん最大の難問は、保育者たちのそうした思いを、いかにして子どもの「要求」へと転化していくかという点にあったわけだが……。

2　池の存在に気づかせ、つくり直す「必要性」を自覚させる取り組み

じっさい、池を再生させたいという保育者の思いを、子ども自身の要求として自覚させていくことは、けっして容易な課題ではなかったはずである。何といっても子どもたちには、しんどい思いをして池を再生させていく「必要性」がどこにも存在しないのである。それにもかかわらず、それをいったいどうやって、子ども自身の要求にしていけばいいのか……。

悩んだ保育者たちは、まずは池に対する興味をひきだすために、子どもたちにさまざまな「働きかけ」をしながら、「きっかけ」探しをしていくという地道な作戦に打って出たのである。その段階で明確な見通しがあったかどうか私にはわからないが、以下はそうやって可能性を探っていった保育者たちの記録である。

【記録1　アメンボを見つけたまきこ】

誰かが池の様子に疑問をもたないか、興味をもたないか、「きっかけ」や「つぶやき」はな

いかと、チャンスをねらう毎日が始まる。
「どうして～なんだろうね」「なんでだと思う？」などと、子どもが疑問をもつより先に保育者が言ってしまいたくなる、そんな気持ちを必死にがまんしながら、それぞれの保育者が小さなきっかけを探し、とらえながら、子どもたちに対する働きかけを地道に重ねていった。
そんな中、まきこがアメンボをつかまえて、保育者（神永）に見せにきた。
まきこ「先生見て！　アメンボ」
神　永「へ～、どこにいたの？」
まきこ「幼稚園の駐車場の水たまりだよ」
神　永「よく見つけたね」
まきこ「水の上にたくさんいたんだよ」
神　永「へぇ～。どこか他の所にもいるのかなぁ。幼稚園の裏の方とか……」
まきこ「……もっと探してくる！」
まきこは仲のいいまさみ、こうたと一緒に、園庭の水のありそうなところに出かけていった。
そこで池にいるアメンボに気づき、池の中の生き物探しが始まった。

【記録2　サカマキガイに興味を示したかずま】

生き物はいるのだろうか？

ガマノホがぼうぼうに生えた池

虫好きで、北面に頻繁に出かけていたけんじとかずまも池でアメンボを見つけ、そこから池の中に住むサカマキガイに興味をもつ。保育者としては、そこから日ごとに水が減少していることや、この池に他の生き物がいないことに気づいてほしいのだが、なかなか子どもの思いはそこまで深まっていかない。初めは目新しくて貝を一生懸命さがしていたけんじも、バケツいっぱい集めると気が済んだのか、他の場所に虫探しに出かけて行ってしまう。

いや、何も虫探しに熱中する子どもだけに注目したわけではない。たとえば平野さんは、泥だんごづくりをしているてつおくんやあきらくんのそばで、毎日一緒に泥だんごづくりに勤しんでいったのだという。なんでも、彼らが泥だんごづくりに熱中している場所が池から近いうえに、この子たちは虫などの小動物が好きなため、ひょっとしたら「池の様子に気づくのではないか」と予想したからなのだという。そんな平野さんの、働きかけの記録である。

【記録3　どうして池に気づかないの〜⁉︎】

保育者（平野）は「この辺の土は光るかなぁ……」とぶつぶつ言いながらわざ

と池のそばの土を使ったり、泥だんごを磨きながら、何気なく池の周囲をうろうろしたりした。そんなことをくり返しながら何日かたった頃、泥だんごづくりの「名人」とみんなに尊敬されているさとしが、この場に加わるようになる。

するとさとしは、だんごに入ってしまったヒビの補修に、なんと池の水を使っているではないか。木の枝に水をつけ、だんごにちょんちょん……。しかしそのさとしの目は、水に集中していて、池の様子には一向に興味を示さない……。保育者（平野）は「どうして気づかないの～!?」と心の中で叫んだが、焦らず待つことにした。

最後の、「どうして気づかないの～!?」という平野さんの気持ちは本当によくわかる気がするが、冷静に考えてみれば、これは気づかないほうがむしろ普通なのだろう。なぜなら、泥だんごに熱中する子どもに必要なのは、あくまでも「水」であって、「池」ではないのだから。がそれにしても、池に気づいてほしいという平野さんの思いと、そんな保育者の思いとは無関係に行動する子どもたちの、ズレの部分がおもしろい……。

重要な点は、なかなか池の再生に向っていかない子どもたちの姿を、それでも保育が終わった後、保育者たちが毎日のように話し合っていった事実にある。

「まきこちゃんが駐車場でアメンボ見つけてたから、そこが池とつながっていくかもしれないよ」

「泥だんごの修理の時に、さとしくんが池の水を使ってました。けど、池の様子までは関心がないみたいです」

おそらく保育者たちの中には、こんなことをくり返していてはたして、子どもたちが池を再生させる「必要性」を実感するようになっていくかどうか、不安があったと思う。しかしながらそれでも、こうやって子どもの「必要性」にこだわって活動を展開させていくことをあきらめなかった点が、すごいといえばすごいのである。

しかしながら保育というものはおもしろいもので、こうやってアンテナを張り巡らせていると、何か「きっかけ」になることがひっかかってくるものなのである。

たとえばその「きっかけ」の一つは、泥だんごづくりをするさとしくんのそばで、池の水が「どうしてたまらないんだろう」とつぶやいた、てつおくんの発見にあった。その時の、記録である。

てつおたち数人と保育者が、「泥だんごの師匠」と仰いでいるさとしに、泥だんごづくりのコツを教わっているうちに、他の子どもたちもさとしをまねて池の水を使うようになっていった。そんなことを数日間くり返していると、ある時、てつおが池に水が貯まらないことに気づくのである。水が日に日に減っていることに気づき、「どうしてたまらないんだろう」と疑問の言葉を発するようになってきたのである。

たしかにてつおくんが発した「どうしてたまらないんだろう」という疑問は、池に注目するきっかけとしておもしろい。おそらくその理由を追求していけば、それはそれで活動がおもしろく発展していくにちがいない。

しかしながらそれでも、こうした疑問は答えがわかればそれで解決するわけだし、たとえそうした疑問を追求していったからといって、それだけで彼らが池を再生する「必要性」を感じるわけでもないのだろう。なぜなら彼らは、先にも述べたように、ただ「水」がほしいだけなのであり、それが池の水でなければならない「必然性」はどこにもないわけだから……。

他に生き物はいないかなあ？

あっ！　アメンボがいる！

3　ならさ、つくり直せばいいんだよ

ところが保育者たちは、てつおくんの中に生じたこの疑問を手がかりに、池をつくり直す「必要性」を実感させる話し合いへと活動を展開させていったという。もちろん、たとえてつおくんが疑問を持ったからといって、ただそれだけで「池をつくり直そう」と子どもたちに提案したわけではない。実際にはてつおくんが疑問をもった翌日、池のまわりで、てつおくん、あきらくん、そして平野さんの三人の間で、次のような会話が交わされたことがきっかけになったのだという。（六月第二週）

てつお「タニシは水をきれいにするって言ってたけど、池の水きれいじゃないよ」
てつお「なんで水なくなっちゃうんだろう」
あきら「タニシじゃないのもいないかな」

タニシはこけを食べて水をきれいにするよ

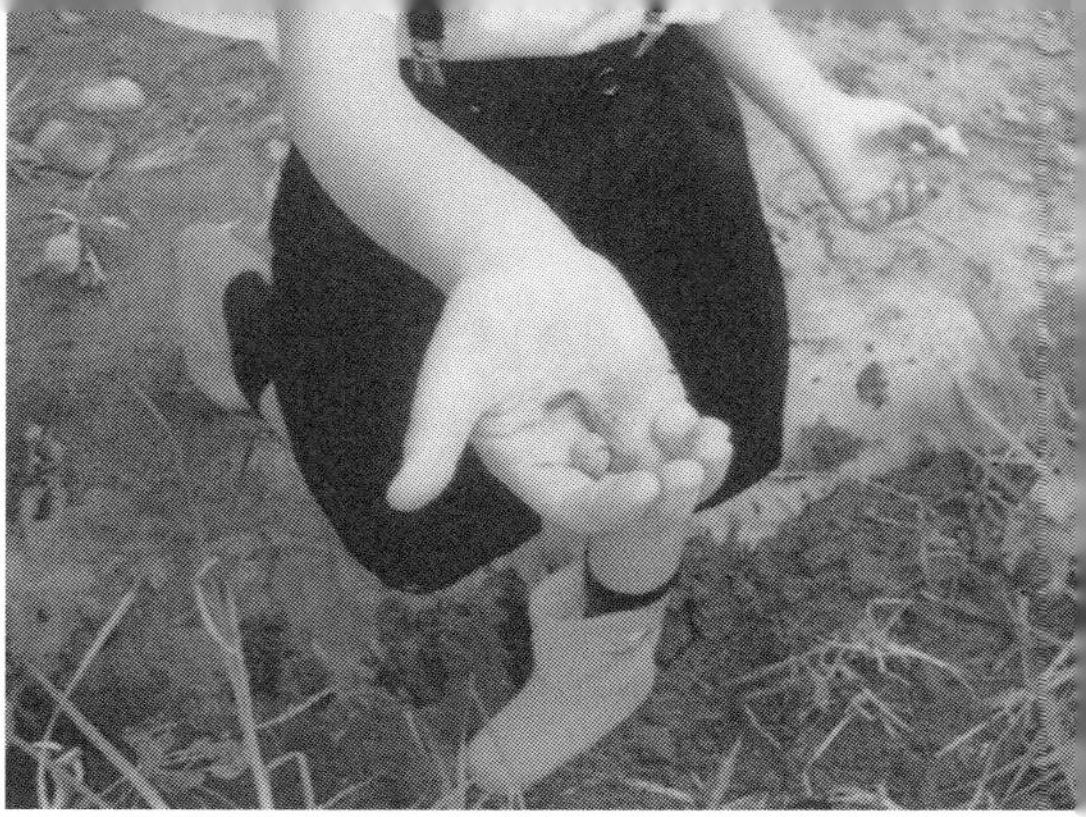

大変だ！　タニシたちを避難させよう！

平　野「昔は水がいっぱいで、ヤゴやカエルがいたんだって」
あきら「うそー！」
てつお「えー、いいなあ……」
平　野「また来てほしいよね」
あきら「ならさ、つくり直せばいいんだよ」
平　野「どうやって？」
てつお「この青いシートを換えればいいんじゃないの？」
平　野「どうしてそう思うの？」

　地面の下から少し見えていたブルーシートを指さすてつお。
てつお「ここに穴が空いてるんだよ、きっと」
池のまわりで活動する中で、池の下にブルーシートが敷かれていることにてつおは気づいていた。
平　野「へー。じゃあ……やってみる？」
てつお「無理だよ！」
あきら「大変だよ」
平　野「そうだよね。やっぱり子どもの力じゃ無理かな……。だけどこの池をつ

とうとうすっかり水がなくなりました

昨日より水が少なくなっているような……

くったのは何年も前の年長さんなんだって。今のてつおくんとあきらくんと同じ」

あきら「うそ……！」

てつお「……。僕たちにもできるかな」

平野さんの言葉に不自然さがないかと言えば、それはたしかにあるのだけれど、このあたりはまあ許容範囲かなと私には思われる。いくら「対話」と「必然性」にこだわっていくといっても、いっさいの誘いかけ・誘導を許さないというのは、これはこれでやはり行きすぎというものである。ただ、幼児はこうした「誘導」に乗りやすいので、こうした方法をテクニックとして多用することは、やはり控えるべきなのだと私は考えている。

興味深い点は、池の再生に意欲を持ち始めたてつおくんとあきらくんの思いをさらに強くしていくために、平野さんが仕掛けたもう一つの作戦である。六年前に池をつくった神永さんから、そのときの年長組にゆみえちゃんのお兄さんがいたことを聞いていたこともあって、そばにいたゆみえちゃんに、「どんなふうにつくったのか、お兄ちゃんに聞いてみて」と調査を依頼したのである。

ごつごつ固くてなかなか掘れない

みんなの力で池を掘り返し、シートをかえよう

そしてそんな中、池再生の気運を高めることになる、新たなきっかけが子どもたちの中に生じ始めていたのである。タニシ（本当はサカマキガイ）を探しに、毎日のように池に出かける、かずまくんとけんじくんである。

かずま「こんなに見つけた。赤ちゃんもいる」
けんじ「葉っぱの裏とか石の下にいるんだよ」
平　野「タニシは水をきれいにしてくれるって、けんじくん言ってたね」
かずま「ふーん。だけど池の水きれいじゃないよ」
平　野「そうだね。水がきれいな頃は他の生き物もいたよ」
かずま「水が少ないからじゃないかな」
けんじ「昨日より少ない気がする」
平　野「ほんとだね」
かずま「ホースで水を入れとけばいいんだよ」
平　野「昨日の夜、雨降ってなかったっけ？」
かずま「……」

こうして、かずまの中に、「なぜたまらないんだろう」という気持ちがふくら

やっとシートがはがれてきたぞ

こんなに石が入っていたんだ！

んでいったのだと思う。翌日、かずまは池のとなりに小さな池をつくり（底に石を敷き詰めて、まわりを少し大きめの石で囲み、その中に水を入れたもの）、実験を始めだしたのである。水を入れたばかりの時はたまっているのだが、しばらくするとなくなっている。

そんな様子に、「下に何か敷けばいいのかなぁ」などとつぶやいているかずまの様子を見て、近くにいたてつおが「池の下には青いビニールが敷いてあるんだよ」と教えていた。

一方、先に依頼していたゆみえちゃんの調査も終了し、中学一年生の兄から当時つくった方法を聞き出したゆみえちゃんは、それを紙に書いて持ってきてくれたのである。そしてこの段階で平野さんは、ゆみえちゃんの調査結果と、かずまくんやてつおくんの思いをつなげていけば、なんとかクラス全体の意思で池を再生することも可能なのではないかと考え、さっそく話し合いをもつことにしたのだという。

以前から、見つけた貝のことをてつおらが発表したり、バケツにとってきた実

シートの下や泥の中にはミミズがいました

発見！　シートの下にまたシートがある！

物を見せたりと、クラス全体で池の情報は共有していたが、ゆみえが兄から聞いて書いてきた池の絵を発表する段階で、ぺんぎん組の子どもたちの池に対する関心は、大きく変化することになる。

降園前のひとときに、兄から聞いて書いてきた絵をもとに、みんなの前で発表してもらった。話を聞きながら、私（平野）は子どもたちが理解しやすいように、ホワイトボードに貼った画用紙にその内容を描いていった。子どもたちは池の内部について「こうやってつくられていたんだ」と、つくったときの過程をよく理解できた様子であった。つくり方に加え、神永先生から聞いていた、当時の自然豊かだった池の様子（大きなカエル、水の中のヤゴやタニシ、草につかまっているトンボ、水草、池のまわりのバッタ……など）も描き入れていき、子どもたちと話し合いに入っていった。

平　野「こんな池をね、ゆみえちゃんのお兄ちゃんは、年長さんの時につくったんだよね」
ゆみえ「うん」
子どもたち「えーー！」
ももこ「すごい」

泥はお山になりました

ビニールのひもでしばってあったんですね

てつお「やっぱりシートがしいてあったんだ」
平　野「てつおくんたちはどう思ってるんだっけ？」
てつお「シートに穴があいてるから、新しく替えようと思ってる」
平　野「どうやって替えるの？」
あきら「石とかどかして、シートをはがして」
かずま（虫探しが好きでサカマキガイも探していた）「またトンボに来てほしいよ」
こうじ（ザリガニやカエルをよく園に持ってくる）「カエルも来てほしい」
平　野「本当だね。また来てほしいよね。先生も来てほしいと思う。でも……子どもの力だけでは大変そうじゃない？」
ゆうじ「みんなで力を合わせればできるよ」
平　野「そうかなぁ……」
ひでお「ぼくたちと同じ、年長さんだったんでしょ？」
平　野「そうだけど、子どもたちだけでできるかなぁ……」
ゆうじ「みーんなでやればできるよ」
おさむ「ぼくもそう思う」
（その後も賛成の意見が何人かから出た）

ァッター！　ついに池の中ががらっぽになったよ！

タニシと草のたらいにお水を入れておこう

平　野「そっか。てつおくん、みんなもやってくれそうだね」
てつお「うん」
平　野「じゃあ明日から池に行ってみようか」

「子どもの力だけでは、大変そうじゃない？」などと切り返す平野さんの言葉には、余裕のようなものすら感じられるが、この話し合いを機に子どもたちの池再生に向けての意欲が、確かなものになっていったことは事実のようである。
もっとも、実際には梅雨時ということもあって、雨にたたられ、すぐに翌日から取り組むわけにはいかなかったようである。しかしながらそれでも、この話し合いを機に子どもたちは、とにかく池の改修作業に取り掛かっていくことになるのであった。

けっこう深かったよ

どういうふうにしようかみんなで話し合う

4　池再生のための作業を開始する

さて以上のような経緯で、子どもたちは六年前につくられた池を再生することを決定し、六月の第三週に入る頃から本格的に池のつくり直しに取り掛かっている。まず池に棲んでいるサカマキガイと一緒に水草などをバケツに移し、池のまわりを囲んでいたブロックやゴルフボールを移動させ、その後、池の泥や石を掘り起こして外に出す作業をくり返していったというが、子どもたちは取り組みの過程で、石の多さに驚くとともに、上からは見えなかった池の深さを知ることになる。

この活動に参加したのは十人から二十人くらいの子どもたちであり、作業の途中でメンバーは入れ替わっていったという。最初から、全員を強制的に参加させることは考えていなかったので、保育者たちは人数の多少についてはそれほど気にしていなかったようであるが、それでも活動の進展状況をみんなの共通認識に

新しいシートを敷いてつくり直そう

シートの下にはいろいろな種類の土がありました

しておくために、活動過程を写真や文章で、みんなが見える場所に壁新聞のような形で掲示することは心がけていったという。

ところが暑さの中、なかなか底が見えてこない池に途方にくれる子どもたちも出てきて、しだいに作業に参加する子どもたちの意欲も萎えがちになっていったという。そんな中で交わされた、平野さんと子どもたちとの会話である。

平　野「暑いし、力がなくなってきた……もう無理かなぁ」
ゆうじ「そういう時こそがんばらなくちゃ」
平　野「えーっ。だって、暑いよ」
おさむ「トンボのためでしょ」

平野さんの、「弱気」にみえる言葉に説得を試みるおさむくんの頭の中は、この池でトンボのヤゴをかえしたいという思いが、かなり真剣な思いとして自覚されていたのだろう。平野さんの言葉に触発され、思いを新たにした子どもたちは、暑い七月の太陽の下、それでも池を再生させようと努力を重ねていったのである。

そんなおさむくんたちの努力もあって、七月には池の底に埋められていたシー

重いから気をつけて運んでね

石を並べていくんだよ

トをはがすことができる所まで作業は進展することになる。そしてこの段階になると保育者は、池づくりに関わってきた年長組全員を呼び、みんなでシートをはがすことを提案している。みんなで取り組んだため、掘り起こしの作業も大幅に進展し、「もうすぐできあがるかもしれない」という期待感がふくらんでいくが、七月も半ばを過ぎた時期ということもあり、その後ほとんど活動が進まないまま、夏休みを迎えることになっていったのだという。

それでも夏休みに入る前に、「トンボが卵を産むまでに池を完成させたい」というおさむくんやとおるくんの思いをすべての子どもに伝え、「池をつくり直したい」という気持ちだけは確認して、夏休みに入っていったという。しかしながら長い夏休みが、この気持ちをそのまま、年長児全員の気持ちとして維持させているはずはなかったのである。

グローイングガーデンでブロックづくり

すっかり石が敷き詰められました

5　池の再生に向けて、再び思いをふくらませる

さて夏休みが明けて二学期が始まることになるが、案の定、掘り返した池には雑草が生え、荒れはてた状態になっている。「どうなっているかな」と見に行く子どももいることはいたが、作業に取り組む様子はなく、明らかに意欲をなくした状態にあったという。

そんな中、おさむくんだけは池の様子が気になっているようで、毎日見にいっては「早くつくらなくちゃ」「暑くてもがんばろうよ！」とやる気が萎えない感じなのである。

がそんな中、子どもたちの意識を再び池に向けていく「きっかけ」となる一つの事件が起こったのである。その時の記録を見てみよう。

年長組で運動会のリレーの練習をしている時に、オニヤンマが数匹子どもたち

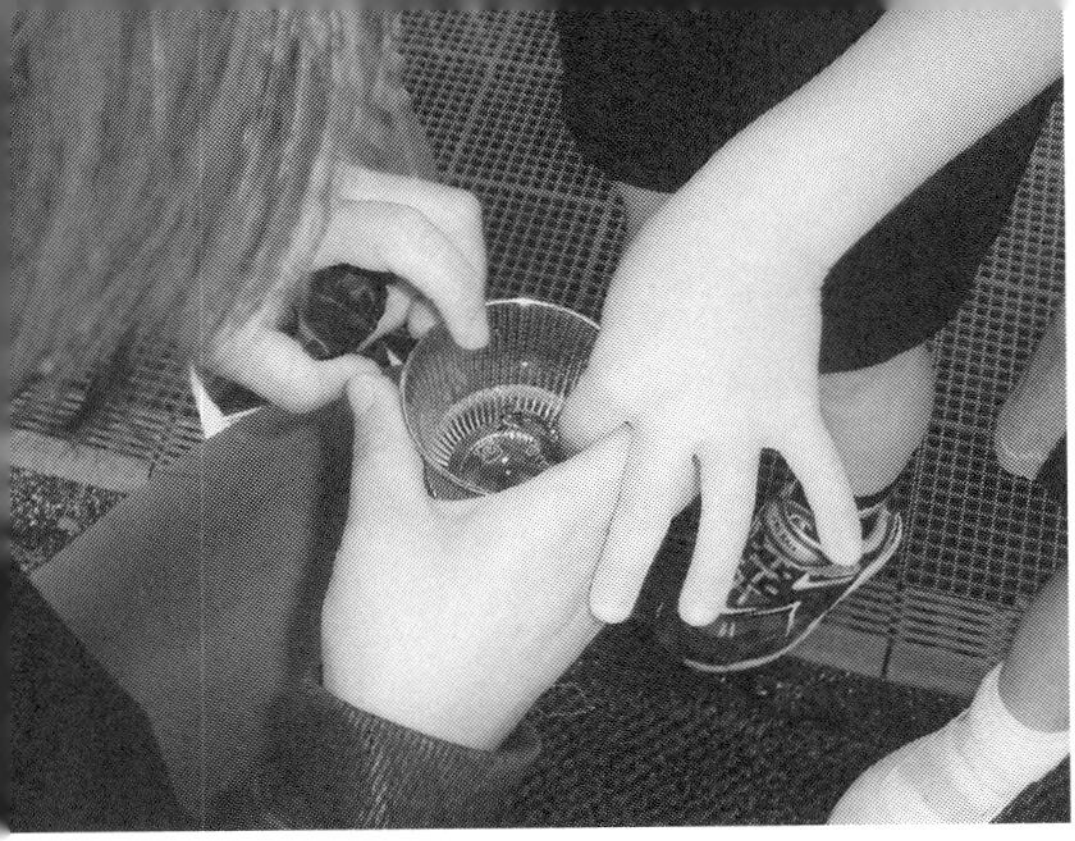

トンボが産卵してしまった

セメントでくっつけよう！

の頭上を飛び回っていた。虫好きのけんじはすぐに気づき、練習そっちのけで追いかけていく。

保育者（神永）はそれをチャンスととらえ、「あっ！　オニヤンマがたくさん！　もしかして卵を産む場所を探してるんじゃないの？」と言うと、すかさずけんじは、「うん。さっきの、交尾してた。卵産むかも」と……。

〝虫博士〟と呼ばれ、みんなに一目置かれているけんじが言うので、これはかなりの説得力があったようである。その証拠に子どもたちの口からは、「えー！　でも池までできてないよ」「間に合わないよ！」「どうしよう……」「もう水入れちゃう？」と、焦りの言葉が次々と出てきたのである。

そんな中、保育者（神永）が一言、ボソッと言った。

神永「そうだねぇ。今のままでは無理だろうね」

その保育者の言葉に、おさむが「明日からがんばれば大丈夫だよ！」と言ったのである。そしてこの力強いおさむの言葉が、その場の雰囲気をがらりと変え、翌日から男児を中心とした虫好きの子どもたちが、再び池づくりに向かっていったのであった。

「いしをなげないでください」

池が満水になりました

この後の子どもたちの活動には目を見張るものがあり、その日から翌週にかけて、池づくりは一気に進展することになる。子どもたちにとってオニヤンマの産卵は興味・関心を超えた重要事項だったようであり、その「要求」の高まりが、けっきょく他の子も巻き込んで、池づくりの最終段階に一気に突き進ませることになっていくのであった。

いよいよ仕上げの段階に入った九月十三日と十四日の記録である。

以前の池より面積を広げ、シートを重ねて敷き、シートの上に石を敷き詰めていく。グローイングガーデン（美術館、大学、幼稚園が連携して行っているアートワークショップ）の活動で、ホワイトセメントに絵の具を混ぜ込んだブロックをつくり、池のまわりに飾っていく。それと一緒に、アクリル絵の具で色を塗った石も飾りにつけていく。「きれいだね」「早く水を入れたいね」「セメント早くかわかないかなぁ」と、子どもたちは早く水を入れることを楽しみにしている。

と、こんな感じで九月半ばに池は完成し、あとはコンクリートの乾きを待って水を入れるのみという状態にまで到達したのである。そして子どもたちは、完成

ようやく、池の完成!!

みんなで看板もたてました

した池のまわりで弁当を食べたりしていたのだが、そんな中、子どもたちを心配させる事件が、再度発生することになる。

つかまえたトンボが産卵し始めたのを見て、こうたが「大変だ！」と言いながら小さな容器にミネラルウォーターを入れ、そこへ卵を産ませようとするが、こうたは「でもこのままでは、狭くてヤゴにならないよ」と周囲にいた子どもたちに訴えている。周囲の子どもたちも「どうしよう……」といっている中、まきこが「そうだ！　セメントが乾いたか調べて、池に水を入れよう」と、池に走っていったのである。

まきこはコンクリートの表面が乾いていることを確認すると、それをこうたたちに報告する。するとそれぞれがバケツやじょうろを持ってきて、水を汲んでは池に流し込む作業を始めたのである。たまたまそばにいた三歳児も、それをまねて水を汲んできたりしている。どんどん増していく水位に、「わぁー」とうれしそうな歓声が上がった。

そんな中、まさみは「でも水道水だから一日置かなきゃだめだよね」と冷静な一言をつぶやいていた。

じつはミネラルウォーターで出産させることは、以前だんご虫の赤ちゃんを全滅させてしまったとき、昆虫の専門家から聞いたアドバイスを忠実に実行したのだというし、まさみちゃんの冷静な言葉も、その時、専門家の先生から「水道水なら、一日汲み置きしておくとよい」と聞いたことがもとになっているのだという。

6　カッパの願いに応えて、池の周囲にドングリを植える

こうして年長組の取り組んだ池づくりは、いちおうの完成を迎えることになる。

もっとも、ここで「いちおうの」と書いたのは、実際にはこれ以降、「ここをドングリの山にしてほしい」と書かれたカッパからの手紙に端を発する「ドングリ植えつけ」の実践や、冬場になって取り組まれた「池に橋を架ける実践」へと発展したからであり、けっきょくこの池づくりの実践は、子どもたちが卒園するまで継続されることになるのであった。

興味深い点はこれらの活動が、すべて保育者のアイディア先行で開始された点にある。つまり、この池づくりの実践は、「保育者の願い」を「子どもの要求」へと転化する形で、最初から終わりまで展開されていったということなのである。

誤解されるといけないので断っておくが、私はたとえそうだからといって、保育者の提案で活動が開始されていくことそのものが問題だといっているわけではない。活動によっては、どうしてもそういうことが必要になってくるだろうし、保育者の提案に子どもがのってくるとい

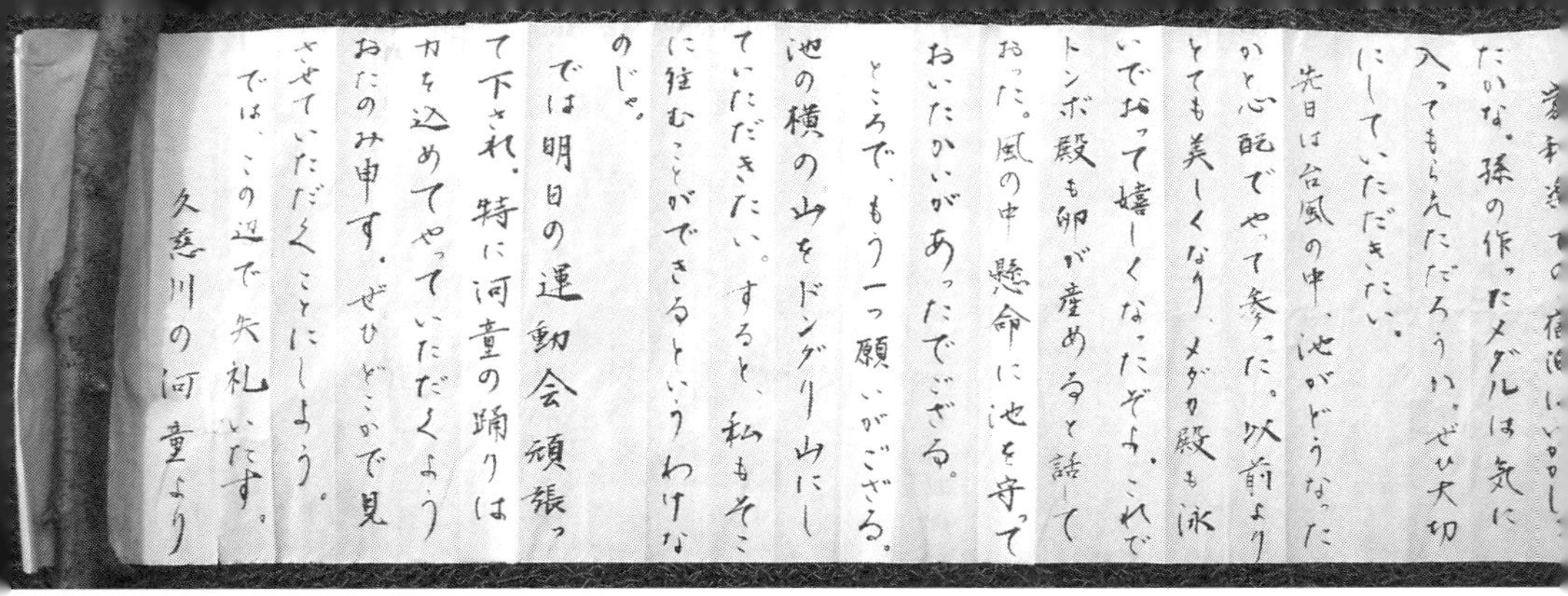
たいな。孫の作ったメダルは気に
入ってもらえただろうか。ぜひ大切
にしていただきたい。
先日は台風の中、池がどうなった
かと心配でやって参った。以前より
とても美しくなり、メダカ殿も泳
いでおって嬉しくなったぞよ。これで
トンボ殿も卵が産めると話して
おった。風の中懸命に池を守って
おいたかいがあったでござる。
ところで、もう一つ願いがござる。
池の横の山をドングリ山にし
ていただきたい。すると、私もそこ
に住むことができるというわけな
のじゃ。
では明日の運動会頑張っ
て下され。特に河童の踊りは
力を込めてやっていただくよう
おたのみ申す。ぜひどこかで見
させていただくことにしよう。
では、この辺で失礼いたす。
久慈川の河童より

久慈川のカッパからの手紙

った関係は、けっして否定されるべきではないと考えているのである。

しかしながら、ここはよく考えてみたいのである。保育実践を子どもの「要求」「必要性」から出発させようとする際の「要求」や「必要性」とは、いったい何を意味しているのかということを。そしてその「要求」や「必要性」は、子どもの中にどのように形成・自覚されていくべきなのかということを。

たとえば十月以降この園で展開されたドングリの植えつけや、池に橋を架ける実践は、いずれも「保育者の必要性」から出発したものであるが、その「保育者の必要性」が自覚されるきっかけになったのは、十月七日にいつも保育者たちが相談にのってもらっている環境アドバイザーのアドバイスにあったのだという。

保育者たちはこの日、池を池として機能させていこうとするなら、さらに次のような工夫が必要だと、五点にわたってアドバイスを受けたのである。

①池の中をじっくり観察できるような環境を工夫する。（例えば、橋を架けるなど）
②生き物が増え、池の自然が豊かになるように水の流れをつくる。
③生き物のために、日を遮る場所をつくる。

ドングリを拾いに「小鳥の森」へ

池の横にドングリを植えてほしいんだって

④植物が根づくような工夫をする。（水草を鉢植えにし、鉢ごと池に沈めるなど）

⑤子どもたちにとって、さらに意味ある場にしていくには、そばの築山に木を植えたりして、池周辺の自然を豊かにする。

こうした環境アドバイザーの指摘は、保育者たちにとって新鮮な学びとなったようで、さっそく池を充実させるための方針を議論していくことになる。

議論の結果、まず保育者たちが選択したのは五番目の「池周辺の自然を豊かにする」という課題であった。園児たちがよく行く「小鳥の森」でドングリを拾ってきて、それを植えてドングリの林をつくれば、池に木陰をつくることも可能になると考えたわけである。

もちろん問題は、ここでも子どもたちが、ドングリを植えようとする動機をどうやって育てるかという点にあったのだが、この問題を保育者たちは、九月の宿泊保育以来、頻繁に子どもたちの元に届くようになった「カッパからの手紙」を利用することで乗り切ろうとしたのであった。

保育者たちは、子どもたちにとってすっかり身近な存在となったカッパから、「ここをドングリ山にしてほしい」と書いた手紙を送らせ、そのカッパの思いに

さっそくドングリを植える

いくつ拾ったか数える

応える形でドングリを植えつけさせようと計画していったのである。そして話し合いの結果、保育者の思惑通り、子どもたちはドングリを拾って植えつけることになるのであるが、このあたりの展開過程は、私には少々安易に思えてしかたない。

じっさいこの「池づくり」の活動は、たとえ保育者の要求を起点に開始されたと言っても、それが子どもたちの「リアルな要求」と結びついたときに、おもしろく発展してきたのではなかったか。たとえば、意欲を失いがちな子どもたちが、池の再生のために努力する気になっていったのは、オニヤンマの産卵場所を確保しなければと思った時であり、捕ってきたトンボが実際に産卵を始め、「このままでは狭くてヤゴにならないよ」と感じた時だったのである。

つまり子どもたちを「池づくり」に突き動かしていったのは、自分の感情・感覚レベルでその「必要」を感じた時だったのであり、それは保育者に誘導されて活動を開始させた時ではなかったのである。じつは、池づくりの実践は、それをていねいに読んでいくと、子どもが自らの「要求」として何かをしようとする時というのは、感情・感覚レベルで「要求」を認知した時だということを教えてくれているのである。

ところがこれが、いきなりカッパの手紙である。たしかに子どもたちは、保育者の仕掛けたファンタジーの世界に上手につきあってくれはしているが、ここは環境アドバイザーの人にまじめに提案してもらい、それを受けて話し合いをしていくほうが、うんと自然で、まともな方法ではなかったのか。記録を読み返しながら、疑問に思う場面である。

7 カッパを恐がる子どもたち、小川芋銭の絵に出会う

ところでこのカッパであるが、九月に実施された宿泊保育を盛り上げるため、保育者たちが子どもたちに出会わせたものだったのだが、誕生会で保育者たちが披露したカッパ踊りが子どもたちに呆れられるし、手紙を読んだ子どもの中には「カッパがいるから宿泊保育に参加したくない」という子が出てくるしという感じで、最初からすんなりと子どもたちに受け入れられたわけではなかったのである。

もっともたとえそうだからといって、せっかく登場させたカッパをすぐに退散させるわけにもいかず、保育者たちはカッパが子どもたちのよき理解者であることを知らせるため、次の策を講じていったという。

するとその後、またまた保育者たちの予想を越えた展開になっていくのだが、その顛末に関しては、記録をそのまま載せておくことにしよう。

何かカッパにまつわることがないかと考えていたときに、小川芋銭を思いついた。以前、美術館に行ったとき観た絵画を思い出したのだ。小川芋銭は茨城県で牛久沼のカッパを描き続けた人で、「河童百図」が有名である。「近代美術館なら歩いていけるし、行ってみてくるのもいいかもね」などと話していた矢先、何と美術館の学芸員の方が他の用事で園を訪ねてきたのである。

要件を済ませた後、カッパの話を切り出してみると、彼はそれを大変おもしろがってくれ、「ちょっとまとめてみますよ」という言葉を残して、彼は園を後にしたのであった。そして数日後、なんと芋銭の人と作品を紹介するＤＶＤを作成し、それを持って再び園を訪れて来てくれたのである。

小川芋銭

子どもたちと一緒に、みんなで観てみると芋銭が描いたさまざまなカッパの絵がでてきたではないか。そして、芋銭の写真（あごひげが立派なおじいさん）が出てきて、ナレーターが「このおじいさんは、カッパとお友だちでした……」と言った時、子どもたちの反応が、急に変わってきたのである。「へ～」「友だちなんだって」「すごい」「カッパって日本語話すんだ」……。

あの立派な風貌をしたおじいさんがウソをつくはずない。カッパ

小川芋錢の作品

「飽瓜」

「淡貝の厄」

の絵もあんなにたくさん描いている。美術館にも、その絵がたくさんあるらしい。今まで、カッパのことを半信半疑だった子どもも、これを境に、一気にカッパの存在を信じていくことになるのであった。

同じカッパの話でも、これはけっこうおもしろい。じつはこの後も、その学芸員の知人にカッパの研究をしている人がいるという情報が入ったりと、子どもたちはカッパとまじめに向き合っている立派な大人たちに出会うたびに、カッパに対する思いを広げることになるのであった。

おそらくこうして広がっていくカッパへの思いを、子どもと一緒に探求的に深めていくことができたら、それはそれでおもしろい実践になっていったと思われる。あるいは、単純に架空の話として子どもたちとおもしろがっているだけなら、それはそれで理解できるのである。しかしながらそれを、池づくりに単純に利用したそのやり方には、やはり安易さを感じてしまうのである。

8　子どもたち、池に橋を架ける

ところが、同じように環境アドバイザーのアドバイスを受ける形で始まった「池に橋を架ける実践」であるが、こちらのほうは少し感じが違うのである。

何といっても実践のきっかけが、話を聞いてから四ヵ月近く経過した二月の段階で、柄の長いスコップを持ってグルグルと池の水をかきまわしている子どもたちと話し合っている過程で、自然に子どもの側からでてきたアイディアにあった点が、おもしろい。

少々長い記録であるが、この時の話し合いの様子を、そのまま紹介しておくことにしよう。

平　野「いっぱい混ぜてるねー」
ももか「葉っぱがたまってきたからお掃除してるの」
かえで「こんなにとれたよ」

池の中から、取りだした枯葉の山を保育者に見せる。

池を掃除する

池をかき混ぜる

ゆうき「水が汚れると生き物が死んじゃうからね」とさらにスコップを動かす。

環境アドバイザーの先生に、空気を入れるために軽くかき回す程度は必要だが、あまり混ぜすぎるのはよくないと聞いていたこともあり、あまり乱暴に混ぜていると、中のメダカが死んでしまうのではないかと心配になった。

もっとも、たとえそうだからといって、すぐに「やってはだめ」と子どもたちに言うことにはためらいがあった。対話の中で子ども自身が気づき、どうしていったらよいか考えさせたかったからである。また、池を「観察する」ことに意識を向けてほしかったのと、そのための工夫を子どもたちから引き出したいという考えもあった。

平　野「この中に生き物はいるのかなぁ」

そう言いながら、じーっと池の中をのぞき込む姿勢をする。

なつき「よく見えないよ」
かえで「秋にメダカいたけど、死んじゃったのかな」
ゆうき「鳥が食べに来たんじゃないの？」
ももか「よく見えないよ」
平　野「ほんとだねー。すぐ近くは見えるけど……」

橋の構想を練る

橋をつくるために池の幅を測る

ゆうき「ここ（ビールケース）に乗っかれば、中までみえるんじゃない？　ほら、こうやって手を伸ばせばさー……」
かえで「わーっ！！　ゆうきくん、危ないよー！」
平　野「うん、それは危ないよ。落っこちちゃうよ」
ゆうき「誰かがこうやって（セーターの背中を自分で引っ張る仕草）後ろからお洋服をひっぱってくれれば大丈夫と思うんだけど……」
めぐみ「ブロックを池の中に並べてったらいいんじゃない？　その上を歩くの」
なつき「いいねぇ！」
ゆうき「（水の中に）沈んじゃわないかな」
ももこ「でもその下に、もしメダカがいたらつぶしちゃうよ」
たけし「こうやって（手振りで説明する）、水をよけて（ブロックを）置いたらいいよ」
めぐみ「あぁー、そうだよ。そうすればいいよ」
ももこ「そんなこと、できないよ！」

ももこの言葉には、妙に説得力があり、その後、またしばらく考え込んでいると、興奮した様子でかおりが話し始めた。

一定の幅にそろえて切る

橋づくりスタート

なつき「ほら！　見て見て！　めぐみちゃんが見つけた！」
めぐみ「葉っぱの裏になんかついてる！」
　頭をつきあわせみんなでのぞき込んでみると、池から取り出した桜の枯葉の裏に、ゼラチン状の粒がついている。
めぐみ「きっとタニシの卵だよ！」
平　野「ほんとかなぁ……？」
　すると、めぐみは枯葉を持って保育室に走っていき、そして息を切らしながら戻ってきた。
めぐみ「ハァハァ……。まさみちゃんに聞いてきた！　間違いないよ」
　そこへタニシ研究所のまさみとこうた、そしてみずきがやってくる。
こうた「それね、タニシの卵だよ。お部屋にあるのと同じだよ」
めぐみ「ほら、いったでしょ！」
　その場にいた全員が納得した。一年近くタニシを育ててきたこのメンバーが言うのなら間違いないだろうと、みなが確信の表情であった。
神　永「やっぱり、生き物がいたんだ。乱暴に混ぜたらだめなんだね」
ももこ「それじゃあさ、中がよく見えるように、橋をつくったらいいんじゃな

だんだんできてきたぞ

色を塗る

い？」

ゆうき「えーっ、つくれるかなぁ」

ももこ「海賊の家をつくった私たちが、つくれないわけないでしょ。橋なんて簡単、簡単」

めぐみ「どういう橋にする？」

神　永「だったら、海賊の家のあまりで、ちょうどいい木があるよ」

ももこ「そうだ！　あるある！　大きさが合うか持ってきてみようよ」

板を合わせて計ってみたところ、長さが足りない。メジャーで何メートル必要か測り、明日できるように用意すると保育者は約束した。

ドングリの植えつけも、橋づくりの実践も、同じように環境アドバイザーのアドバイスに端を発した活動だったのだが、こちらのほうがはるかに自然な形で話し合いが展開しているのである。

何と言っても、これだけ長い話し合いの中で、保育者の発した言葉が少なく、しかもその言葉に指示的な言い回しがほとんどないことがすばらしい。

池の中を観察

七色の橋、完成

平野「この中に生き物はいるのかなぁ」
平野「ほんとだねー。すぐ近くは見えるけど……」
平野「うん、それは危ないよ。落っこちちゃうよ」
平野「ほんとかなぁ……？」
神永「やっぱり、生き物がいたんだ。乱暴に混ぜたらだめなんだね」
神永「だったら、海賊の家のあまりで、ちょうどいい木があるよ」

子どもの声をゆったりと聴き取る保育者の姿勢を、この話し合いから感じとることができるが、それは別の言い方をするなら、「橋を架けると池の機能が増加する」という保育者の知識（願望）と、「みんなで協力して橋を架けなければ」という教育要求（使命感）との間に距離があり、保育者自身、余裕で子どもとの話し合いに臨んでいたということなのだと思う。

つまり、こういうことである。

保育者たちは、「橋を架けると池の機能が増加する」という予備知識を持っていた。しかしながら卒園前のこの時期に、何が何でも橋を架けなければという強い思いがあったわけではない。したがって、池をさらに観察しやすくするための工夫を子どもたちに期待したときも、子どもから出てくるアイディアを余裕をもって聞くことができるのである。もちろんその際、「橋を架ける」という選択肢も頭の中では意識しながら……。

そしてそんな中、子どもの側から「橋を架ければいい」というアイディアが出てきたわけだから話は簡単なのである。あとは、「海賊の家をつくった私たちが、つくれないわけないでしょ」と語るももこちゃんたちに任せているうちに橋づくりは開始されていき、保育者は側面からの援助に徹していくだけで十分という状況がつくられていったのである。

じっさい、子どもたちはその後の作業を、これまで以上の集中力と手際のよさで展開していき、七色に塗られた橋を完成させていったのである。

9 「対話的関係」と「袋小路に追い込む話し合い」との間

さて、以上が茨城大学教育学部附属幼稚園年長組が取り組んだ「池づくりの実践」の概要である。

最初にも触れたとおり、この活動は「池を再生したい」という保育者の願いが先行して展開された点において、他の活動とは趣を異にしていた。もちろん、その場合にあっても保育者たちは、あくまでも「子どもの要求」に基づいて実践を展開していくことにこだわっていったわけで、それだけにこの実践は興味深い内容になっている。

たとえば私は、子どもたちが最後に橋を架けていく場面の話し合いが「自然」に営まれている点を肯定的に評価し、その「自然」さが、保育者の持っている知識（願望）と教育課題（要求）との距離の大きさによって保障されていると指摘した。

つまりそこでは、「橋を架ければいい」という保育者の知識が、そのまま教育課題として位置づけられていないから、子どもの意見に保育者が耳を傾けることが可能となり、その結果、計画策定の営みに子どもたちが参加することが可能になっているのである。

ところがこれが、ドングリの植え付けの時には違ったのである。保育者のもっている知識がそのまま教育課題（要求）として意識化・計画化され、両者の距離が極めて近いのである。しかもその際、計画から子どもたちがはみ出さないようにカッパに手紙を出させ、カッパからの依頼に子どもたちが応えていくという手法を使いながら、活動は展開されていくのである。

もちろんこの活動は、子どもたちに課題を押しつけながら展開していったわけではない。たしかに形の上では、話し合いの結果、子どもたち自身が選んだ形になっているし、考えようによっては子ども自身の「要求」から出発した活動とみることもできるのである。

しかしながら私は、こうした活動の展開過程を「少々安易すぎる」のではないかと感じ、その点について批判的に紹介したのであった。批判的に論じた理由は、大きく言って二つある。一つはこの展開過程において、子ども自身の考えが入る余地が少なかった点。そして二つ目が、カッパという虚構的・ファンタジー的世界を使って現実の問題を解決させていく手法に関わる点である。

まず第一の点だが、ここで何よりも問題なのは、話し合いの出口を一つだけ用意し、しかもそこまで行く道を一本しか用意していない点にある。私はこうやって、子どもが他の選択肢を考える余地がないところに連れて行くような話し合いを「袋小路に追い込む話し合い」と呼んでいるが、「カッパからの手紙」に「誘導」させながら子どもたちを出口まで連れて行くこの実践は、まさにそういう意味で「袋小路に追い込む保育」という特徴をもっているということができるかもしれない。

もっとも誤解してはいけないが、私はたとえそうだからといって、こうした方法を保育実践において何が何でも使ってはいけないと言っているのではない。二・三歳の子どもたちを対象とした保育実践においては、むしろ有効な方法だと思うし、そうやって楽しい雰囲気に「のせながら」活動を展開していくことも、実際には意味があるのだろうと考えている。

ところがこれが、自分たちでいろいろと考え、工夫しあえる五歳児になると、少し事情が違うのである。子ども自身がその「必要性」を実感し、活動を組織していく能力を備えつつある五歳児には、彼らの力を尊重した、もうすこし違った関係のつくり方が必要になってくるということなのである。

たとえば幼児のプロジェクト活動で世界的な注目を集めるイタリアのレッジョ・エミリアで乳児保育所と幼児学校の教育ディレクターを務めるカルリーナ・リナルディは、プロジェクト活動を成功に導く必要条件について次のような言葉で表現しているが、この言葉はこうした問題を考えるうえで示唆的である。

大人が一〇〇〇の仮説を思いついたときには、一〇〇一から二〇〇〇の仮説がありうるという事実を受け入れるのは容易です。それらの仮説がたくさんの可能性を産みだすとき、わからないことを受容するのは容易ですし、大人は新しいアイデアにいっそう開かれます。問題は、大人の関心の全てを導く仮説をたった一つしか持たないことから生じるのです。

もちろん、ここで言う「一〇〇〇の仮説」というのはかなりオーバーな表現で、実際に保育計画を作るときには、せいぜい五つか六つの仮説を考えるので精一杯なのだろう。しかしながらこうやって活動の「出口」を五つか六つ準備しているだけで、たしかに「出口」に行くまでの道筋を多様にイメージすることができるし、それ以外の「出口」を受け入れることも容易になってくるのである。幼児の協同的学びをつくり出す保育において、それが「対話的関係」に基づいて展開するか、それとも「袋小路に追い込む」形で展開することになってしまうか、その境目を考えさせてくれる、示唆に富んだ言葉である。

10　幼児後期の子どもの発達における「学び」と「遊び」の関係

さてそれでは、「カッパという虚構的・ファンタジー的世界を使って、現実の問題を解決させる手法」について、私はなぜ問題にしたのであろうか。

それは簡単に言うなら、幼児後期の子どもたちが「ファンタジー遊び」を通して「学ぶ」知性と、「協同的学び」の中で発達させる知性とは、同じ「知性」といっても少し異質な要素をもった「知性」であり、実践の中で両者を混同しないほうが良いと考えたからにほかならない。

もっとも、ここでも誤解されるといけないので最初に断っておくが、カッパからの手紙で池づくりを開始した場面を「少々安易すぎる」導入の仕方だと批判したからといって、私自身はカッパの実践そのものを批判しているわけではない。そうではなくてむしろ、幼児後期のこうした「ファンタジー遊び」の中で育つ「知性」は、現実世界に対する論理的でリアルな思考・認識様式とは異なる「知性」として形成され、それはそれでこの時期の「知的世界」としてたいせつにされる必要があると考えているのである。

かっぱの足跡があるよ！

カッパからの手紙を読む子どもたち

実際、子どもの中に育つ「知的世界」は単純ではなく、何度か送られてきたカッパの手紙を読んだ子どもたちは、カッパとの交流を楽しみに感じるようになっていくのである。たとえば卒園間際に橋が完成した時、カッパから届けられた手紙を読んだ子どもたちの様子は、次のような記録に整理されている。

【実践記録　三月十四日】

カッパからの手紙が届く。今までのがんばりを認める内容と、小学校へ行っても様子を見に来てほしいといった内容であった。みんなで重い橋を運んで池に架けた時、一人ひとり渡った時、池の中をじっくりのぞいた時、子どもたちの気持ちが盛り上がり、「わぁー！」「おー！」と感動の声が聞かれた。

カッパからの手紙には、竹とんぼの贈り物も同封されていた。

はるな「カッパのにおいがする」

ゆみえ「竹とんぼ、どうやって買ったんだろうね」

ももこ「カッパのお店で買ったのかな」

みつこ「カッパが自分でつくったんじゃないの？」

ゆみえ「働いて人間のお金を稼いで、人間のお店で買ったのかな」

はるな「お店から、勝手に持って来ちゃったんじゃないの?」

その場にいた各々が思いついたことを話し、イメージがどんどんふくらんでいく。そんな中、ゆうじだけは「どうせ先生たちが書いているんでしょ」などと言っていたが、実際に手紙を見たり、池のまわりに行ったりすると、「これは足跡かも知れない」などとまじめな顔をして話している。ファンタジー(嘘)とわかっていて、それでもその世界を楽しんでいるような姿が見られた。

一般に子どもの思考は、「論理的思考」と「ナラティブ(物語)的思考」との二面性を持ちながら形成されると言われるが、これまで検討してきた「学び」が「論理的思考」にウェイトをおきながら組織されていくのに対して、こうしたファンタジー遊びに代表される活動は、「ナラティブ的思考」を形成していくのに有効なのである。そして幼児期に育つこうした「ナラティブ的思考」を基礎にした「虚構的知性」は、その後の子どもたちの知的世界を統合していく大きな力になっていくという意味でも、重要な意味をもった活動なのである。

では私は、どうして「重要な意味をもった活動」だというのに、カッパからの手紙で池をつくり始める導入を「安易」だと批判したのだろうか。それは一言で言うなら、こうしたファンタジー遊びの意味を高めるためにも、カッパからの手紙という虚構世界で現実問題を解決する方法を、避けるべきだということなのである。

たとえば同じ手紙でも、池をつくった後に、「わしは、昼間は人間に会うので出て行けないが、君たちが池をつくり直してくれたおかげで、また夜になったらここで遊ぶことができるようになった。感謝しておるぞ。」といった内容の手紙をもらったほうが、子どもの不思議心は刺激されると考えるのである。つまり子どもの「不思議心」は、現実の利害関係と無関係なところで物語が展開されるときにふくらんでいくもので、それがリアルな要求となっていくと、おもしろさが半減すると思うのである。

11　幼児期の「学び」における「生活的概念」と「科学的概念」

さてそれでは、四月の「ウサギの当番活動」を皮切りに、海賊の小屋づくり、虫博士の実践、池の再生プロジェクト、そして新潟中越地震支援プロジェクトと続けられてきた一連の活動の中で子どもたちの中に育った知性の中身を、幼児後期の発達の中に私たちはどう位置づければいいのだろうか。

たとえば子どもの「学び」に関しては、これまで子ども自身が自らの実体験を通して主体的に学んでいく（身につけていく）「学び」と、親や保育者（教師）に指導され、教えられることで身につけていく「学び」（学習）との二重構造になっていると説明されてきた。生活体験を積み重ねていく中で「話し言葉」を身につけ、学校における教授＝学習過程で「書き言葉」を学習していくように、子どもたちの知性・学力は実際、「学び」と「学習」という二種類の活動の「総和の産物」として形成されているといえる。

子どもの中に形成されるこうした「学び」の構造を、「生活的概念」と「科学的概念」との関係で整理したのはロシアの心理学者L・S・ヴィゴツキーであった。ヴィゴツキーは単純な言い回しを丁寧に避けながらも、大きくいって「生活的概念」が自然発生的概念として誕生していくのに対して、「科学的概念」はその逆の道を通りながら形成されると両者の特徴を整理し、それぞれの発達段階で両者の関係をどのように組織するかという点に、教育の重要課題が存在していると論じたのであった。

おそらくその場合、乳幼児期という時期が「科学的概念」より「生活的概念」のほうを重視すべき時期だという点は誰もが認めるところであろうが、幼児後期になってくると子どもたちは、自らその間を埋めるべく努力を始めていくのである。つまり、経験によってできるようになったことを超えて、「もっとすごいことをやってみたい」という要求を持つようになるのである。

そしてそういう意味で附属幼稚園の実践は、こうした子どもたちの要求をていねいに受け止め、彼らに「心地よい背伸び」を保障する営みを、保育者と子どもたちとの相互主体的な関係で展開する実践として試みられていった点に最大の特徴があるといえる。つまりそこでは、学んだことがらの内容よりも、「背伸び」しながら学ぼうとする「学ぶ力」の形成に重点をおきながら実践が展開されていった点に意味があるということなのである。

もっともそうはいうものの、それでも幼児後期という時期は、こうして「科学的概念」との出会いを意識するよりむしろ、「生活的概念」の世界にどっぷりと浸らせておくことのほうがたいせつなのだという意見があることも事実であろう。子どもたちなりに、「不思議だなあ」「どうなってるんだろう」と考える、主体的で主観的な思考の世界をたっぷり保障することが、子どもたちがやがて出会うことになる「科学的概念」の世界を、より豊かに保障することになっていくのだと……。

私はこうした考えに、基本的に賛成である。そしてそれゆえに、幼児後期の子どもたちを、性急に「科学」の世界と出会わせることに躍起になったり、社会的問題に目を向けさせたりすることには、むしろ慎重になるべきだと考えているのである。

しかしながらそれと同時に、子ども自身が「本物」と向き合いたいという要求を持った時、あえてそれを遠ざける必要もないだろうとも考えている。特に幼児後期という時期は、子どもの中にそうした形で「知の背伸び」とでも呼ぶべき要求が育ってくる時期であり、そうした子どもの願いに応えていく保育実践が、「協同的学び」を組織する一連の実践だったということができるだろう。

ただしこの場合、子どもの中に「知の背伸び」を求める要求が、いったいどのような形で熟成しているかを見極める保育者の目が重要となってくるわけであり、その指標として提案したのが、「要求」「必要性」「必然性」という三つの言葉だったのである。そしてこの三つの言葉に着目して子どもたちの生活を見ていると、彼らがじつに多様な形で「背伸び」を求めているということを私たちは知ることになるのである。

12　幼児の「学びの多様性」と保育者の指導の多様性

実際、子どもたちの中に形成された「学び」は、内容においても、関係性においても、じつに多様な構造をもっているのである。したがってそれを単一の論理で、単純に理解しようとすると、大きな過ちに陥ってしまう危険性がある。

たとえば、海賊の小屋づくりにおいて、子どもたちが試行錯誤していく過程で「学び」を実現していく場面もあれば、建設業のお父さんに教えてもらう「学び」もある。あるいは虫博士に手紙を書いて、専門的なことを教えてもらいながら知識を得ることもあれば、同じ専門家でも、立派な画家の描いたカッパの絵と出会うことで虚構世界を広げていく、そんな「学び」の世界も存在する。

子どもの中に広がるこうした多様な「学び」の世界は、内容面でいうと「定型的な活動」から「非定型的な活動」まで幅があり、子どもたちはこの二種類の活動の間で「学び」の位置を確定していくのである。たとえば建設業のお父さんに屋根づくりを教えてもらう場面などは、

「定型的な活動」を学んでいくことになるし、池づくりの最初の段階で、池の周囲の自然にさまざまな発見をしていく過程は「非定型的な活動」で「学び」を実現することになる。

もちろんその場合、「定型的な活動」が「科学的概念」の獲得につながり、「非定型的な活動」が「生活的概念」の獲得に結びつくといった二元的な発想は正確ではない。「定型的な活動」をしているときにも、子どもの「学び」は主体的・主観的に展開される場合があると同時に、「非定型的な活動」の過程で「科学的概念」と出会う場合も存在するのである。

それは同じ活動をしていても、その時の保育者と子どもの関係や、子どもと子どもの関係次第で、まったく異質なものになっていく可能性があるということなのである。

たとえば、同じ活動が教授＝学習的関係として展開される時、子どもはある種の緊張関係の中で「学習」をすることになるし、それが間主観的関係の中で展開されるとき、子どもの「学び」は主体的・主観的な部分を含んで広がっていくことになる。ここでいう間主観的関係は、保育者も子どもも、相互に主観を持った者同士として、対等な関係で接することを意味しているが、もちろんそうした関係の中で保育者は、真に対等な関係で子どもと渡り合う時もあれば、子どもの活動を意識的に「無視」するような関わりをもつ場合もあれば、あえていじわるな関わりをする場合もある。

図は、こうした子どもの「学び」の構造を内容論と関係論の両面から整理したものであるが、座標面Aが「定型的活動」を教授＝学習的関係で展開する「学び」を、座標面Bが「定型的活動」を間主観的関係で切り結ぶ「学び」を、座標面Cが間主観的関係の中で「非定型的な活動」を展開する子どもの「学び」を、そして座標面Dが「非定型的な活動」を保育者のリードで組織していく際に育つ「学び」を意味している。

重要な問題は、これらの座標面において、それぞれ子どもの「学び方」と保育者の「指導（関わり方）」の間に、独特の関係が存在している点にある。たとえばAの座標面では「教授（保育者）＝学習（子ども）」関係が、Bでは「模範（保育者）＝模倣（子ども）」関係が、Cでは「環境構成・主体的関与（保育者）＝主体的学び（子ども）」関係が、そしてDでは「話し合い指導（保育者）＝主観的学び・知性（子ども）」関係が成立するという形で、それぞれ独特の関係性を構築していくのである。

附属幼稚園の実践を見ていておもしろいのは、子どもの中に生じるこうした「学びの多様性」を引き出す大人―子ども関係が、随所に配置されている点である。もちろんそこに登場する大人は、保育者だけでなく、建設業のお父さんであったり、虫博士であったり、美術館の学芸員であったりと、じつに多様な顔ぶれが、全体として子どもの「学び」を引き出す役割を果たしている点が重要なのである。そして子どもたちは、そうやってバラバラに体験し、獲得した知性を、自らの中で一つに総合し、知性のレベルを創出しているのである。

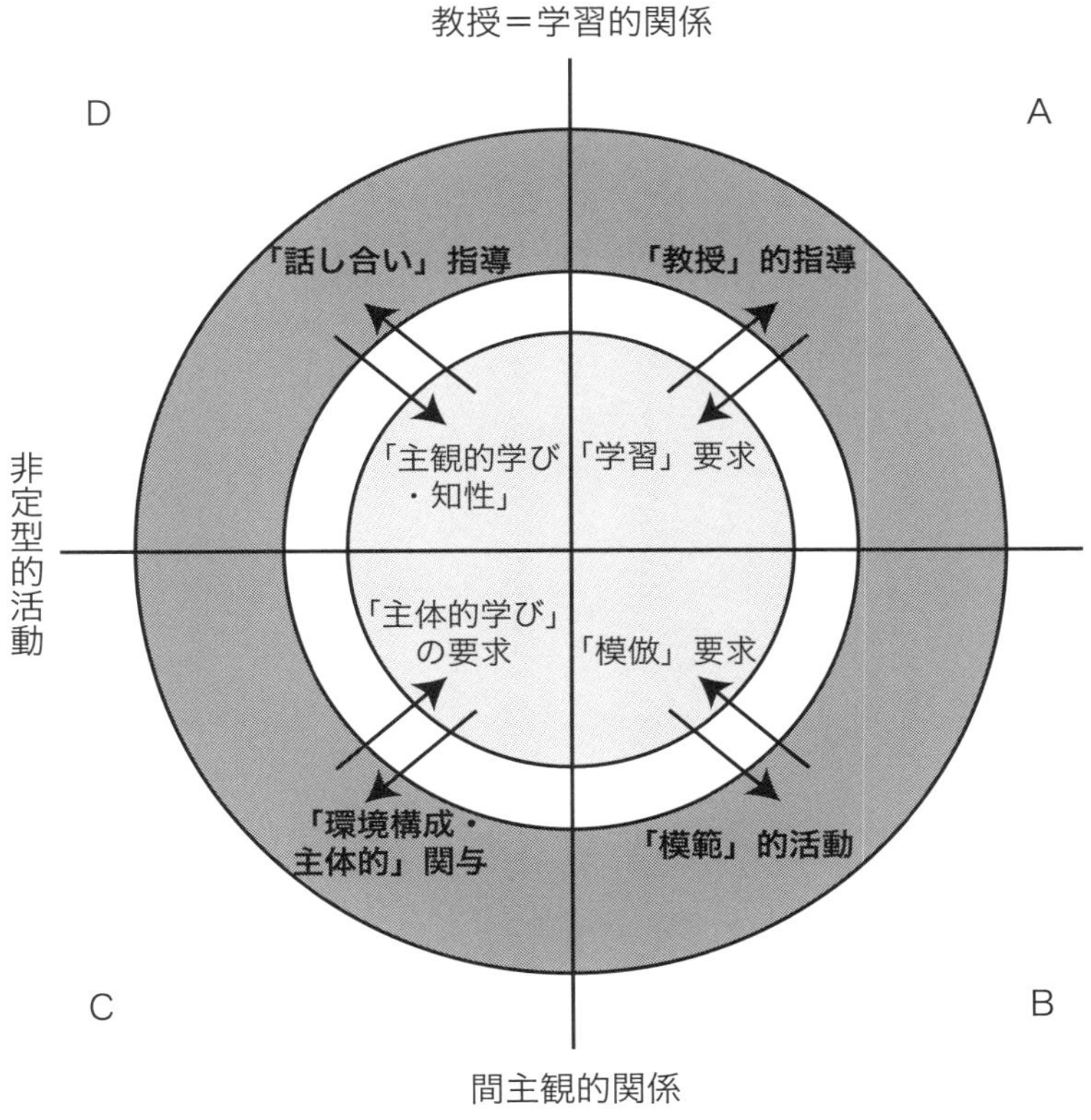

図　遊びにおける指導の構造図

13　幼児の「協同的学び」における「個」と「集団」の関係

ところで、幼児の「協同的学び」を保障する保育実践について考えるとき、あと一つだけ考えておかなければならないのが、実践の中で「個」と「集団」の関係をどう考えればいいかという問題である。

たとえば実践の経緯を読みながら、この園の子どもたちはいつもこんなに「まじめ」に課題に取り組んでいるのかと疑問に思った人がいるかもしれないが、おそらくその疑問は正しくないのだろう。なぜならカッパギンナンの実践も、池づくりの実践も、海賊の小屋づくりの実践も、全員がいっせいに取り組んだわけではなかったのだから……。つまり、個々の子どもたちの活動への関わり方は多様であり、それぞれの子どもの「学び」の深さには個人差があったということなのである。

問題は、このことを是とみるか、それとも非とみるかという点にあるが、私自身は幼児の「学び」を組織していく視点から考えれば、これは正しい選択だったと考えている。

ただし、それにはいくつかの条件があるのだけれども……。

幼児期の「学び」が、個々の子どもの中に生じる興味・関心・願望を起点に展開していくこと。このこと自体は、おそらく誰もが認めることだと思う。ただしこの園の実践は、そうやって個々の子どもの中に生じた興味・関心・願望が、もっとすごいことをやってみたいという願いへと転化しようとするとき、子どもたちに「心地よい背伸び」を保障する実践として展開しようとした点に、最大の特徴があったのである。

そしてその際、そうやって「心地よい背伸び」を保障するために保育者たちが大切にしようとしたのが、「要求」「必要性」「必然性」という言葉であり、その「心地よい背伸び」を孤立した「背伸び」にしないためにくり返していったのが、情報の共有と話し合いだったのである。

したがって保育者たちは、いつも全員が同じ活動をしなければならないという「学習」の形を捨て、「要求」や「必要性」を共有する小さな集団を基礎に活動を展開し、そこでおこっていることを、情報としてクラス全体がいつも共有することで、子どもたちが主体的に学びながら、しかも協同的である、そんな「学び」の形を追求していったのである。

つまり、教室の中に「学びあう共同体」が並行的に存在し、それぞれの学びを「情報」として常に共有しあうことで、「響きあう学びの空間」とでも言うべき空間が、園の中に創造されていったということなのである。そして不思議なことにそうした実践に子どもたちが参加しているうちに、私が最初に出会った「気になる」子どもたちも、「協同的学び」を構成する一員として、しっかり自分の位置をつくり出していたのである。

もちろん、幼児後期の「協同的学び」と子どもの自我発達との関係について、ここで安易な結論を出す気はないが、このあたりの議論をていねいに積み重ねていくことでおそらく、「協同的学び」と「対話的保育」を組織していくことの意義を、本当の意味で明らかにすることが可能になってくるのだと思う。

第4章 活動を支える保育者の学び

1 保育の背景としての保育者

一年の間に、海賊の小屋をつくり、池をつくり、お金をつくって被災地に送る。そんな盛りだくさんの生活が、どうして年長児に可能だったのだろう。何をどうしたら、そんな園生活がつくれるのだろう。公開保育のとき、せっせとギンナンを袋に詰め、あるいは真剣にギンナンを緑色に染める子どもたちの姿を見たときから、私はずっと疑問に思ってきた。というより、じつはそれ以前の疑問が頭から離れない。年長児にとって、その生活は、はたして必要だったのだろうか。もし必要であるとすれば、どうして必要だといえるのだろう。

つまり、どうしてこの活動でなければならなかったのか、と考えると、そう簡単に答えが出そうにもないのである。この活動でなければならなくて、他の活動ではいけなかったとしたら、いったい、どうしてなのか。このような生活をおくる、そのねらいはどこにあったのか。

そこで、第4章では、保育者たちにスポットを当ててみたいと思う。この一連の活動を始めたとき、保育者はどんなことを考え、何をねらいにしていたのか。途中でどんなことに気がついたり、喜びを感じたり、がっかりしたりしたのか。実践している保育者と、他の保育者は、はたして同じ歩調ですすんできたのか。そして、この実践がいま、この幼稚園で、どんな意味をもとうとしているのか。こういったことはすべて、この実践のどこにどのような意味があるかということを考えるうえで、大切なことである。

この章を書くにあたって、幼稚園の先生たちに時間をもらい、インタビュー兼座談会のようなかたちで、いろいろ話をしてもらった。そのなかから見えてきた保育者の思いや迷い、体験や学びの過程を整理し、それらが保育に対してどのような意味をもってきたのかを、ここでは考えてみたい。そうすることによって、この保育の背景が少しずつ見えてくるのではないかと思う。

2　保育への疑問に向きあい続ける

＊年長児の世界にふさわしい保育とは

附属幼稚園の課題研究にもとづいて始まったこの実践だが、その基盤として、それ以前の数年間にわたる、年長児保育のあり方をとらえなおそうとする試みがあった。それは、子どもたちが好きな遊びを通して、要求の質を変化させていくときに、保育はそれにどのように応えられるのか、というところに視点をおいた改革だった。

三、四歳の間、たっぷりとごっこ遊びを中心とした遊びを展開していくと、いつか、それではもの足りなくなる段階がくる、と神永さんは言う。もちろん、年長児には年長児なりの、複雑な想像世界の遊びもあるわけだが、「ごっこ」だけでなく、文字通り「本物」っぽいものへの興味や、自然科学にもつながっていくような、動植物への関心が出てくる。それは、五歳児の世界が、もっと広がることを求めているとともに、その知的・論理的な世界が、今までもっている知を確認し、確かめたり実践したりすることを通して、書き換えられていくことを求めていることと重なるのだが、問題はそういった段階に達したときに、「もっと○○したい」ということばで要求を表現する子どももいれば、今までの遊びのくり返しを続けている子どもや、なかなか遊びが見つからない子どももいるということである。そうした表現に行き詰まった子どもたちに対して、何か関心のありそうな環境を用意したり、働きかけても、それに打ち込むという感じにならないことが、気になっていたという。「この子たちは、もっと何かできるのではないか」「毎日子どもたちがしている遊びは、本当にしたいことなのだろうか、それとも、それ以外のことを知らないから、それしかやれないでいるのではないか」という保育者の疑問が、保育のあり方を少しずつ変えてきた。

たとえば、子どもたちが種目を考え、準備する運動会や、子どもたち自身の目的（たとえば、トトロに会いに行きたい、など）をもったお店開きなど、いくつかの活動を実践してきた。それでもなお、運動会の後の生活が、なんとなく前述のもの足りなさを含んでいたりすることから、もう少し何かできないかという思いが、保育者のなかにはあったようである。この実践の前の年度には、園内では年長児の活動の見直しに取り組み、長年続けてきた活動一つひとつを、本当に子どもたちの生活にとって必要かどうか、子どもたちにとって、どのような学びになっているのか、という観点で考え直した。平野さんは、この見直し作業にあたり、記録をとった。

こうした動きと並行して、神永さんは、加藤のいくつかの著作や、レッジョ・エミリアに関連する文献に出会っていった。そのなかで、子どもの内面の要求がふくらむことを大切にし、そのために、教師と子ども、子どもどうしの丁寧な対話を重視するという方法論を学ぶ。さらに、この課題研究のアドバイザーとして加藤を園に呼ぶことで、理論的背景を補強をしながら、この実践が始まっていった。

こうした経緯をふり返ると、保育者たちは、自身の感じる日常の疑問、こだわり、ひっかかることに向きあってきたこと、それと同時に、その打開に向けて、理論的背景を見出そうと努力してきたことがわかる。神永さんが加藤の講演を聞き、「五歳児の保育を、こんな風に、というのが私のなかにはあるのだけれども、でもそれはここではいいません……」と言ったそのひとことに心をとめて、加藤の著作に出会っていったのは、それまでの模索があったからこそであり、その意味では、出会いは偶然ではなく、長い時間をかけて用意されていたのだといえる。

＊子どもにとっての「必要感」をキーワードに

アドバイザーとして加藤が提案した「子どもと保育者が共同でカリキュラムを創造すること」「子どもとの対話」「子どもにとっての必然性のある活動」という三点を受けて、保育者たちは、子どもたちから出てくる要求にこだわった保育を実践してきた。平野さんのことばを借りれば、

『必要感』をキーワードにして一年間を過ごしました。必要だという気持ちが子どもたちのなかで熟するのを待つことを基本にしたんですが、やはり、必要感があってこそ、はじめて（活動や学んだことが）自分のものになるという実感がでてきました」という。

しかし、実際に子どもにとっての必要感を見極めることは、ことばどおりに容易にできることではない。なぜなら、子どもにとっての必要とは、ことばによって表現されるものとされないものがあるうえに、今この瞬間に必要なことがらもあれば、必要なことがらそのものが発展したり、変質したりすることもあるからである。しかも、そのような要求の変質こそが、この園での年長児保育の見直しを促したのだから、要求の変化を見通していくことは不可欠である。ところが、現在の要求だけを追っていても、将来活動がどのように発展するのか見通しが立つとは限らないし、要求そのものが将来発展するようにと保育者が願っても、それが「子ども自身の」要求である以上、保育者は代わって要求するわけにはいかない。だから、原理的に言って、子どもにとっての「必要感」にこだわるということは、ことばに表現された世界とされない世界をどのようにつなぐかということ、さらにまた、現在の姿と未来の（少し成長した）姿との間をどのようにつなぐかということに、常に頭を悩ませなければならないことになるはずなのである。

神永さんは、レッジョ・エミリアの実践などを読んでいくなかで、子どもの内面の要求をふくらませ確かなものにしていくこと、それには保育者と子ども、子どもどうしの丁寧な対話が有効であること、を学んではいたが、子どもたちどうしが対話するといっても、実際にどう展開するのだろうと思っていたので、身をもってわかりたかったたという思いがあったという。

たしかに結果的には、保育者と子ども、子どもどうしの対話のあり方や、子どもの「必要感」を「身をもって」わかってきたということは、前述の平野さんのことばからうかがえるのだが、それを保育全体のキーワードとして定着させていく間に、保育者はどのような道をたどったのだろうか。子どものことば、あるいはことばにならないことばを「聞く」ために、保育者はどのような努力をしたのだろうか。いや、それ以前に、こうした努力は、どのようにスタートしたのだろうか。

3　保育者間で話し合うこと

インタビューではなんとなく聞きそびれてしまったのだが、後からどうしても聞きたくなって、神永さんと平野さんに書いてもらったものがある。それは、年度当初の様子である。正直にいえば、そんなに最初からうまくいったのかなあ、という素朴な、かつちょっと失礼な疑問がわいたからなのだが、おもしろく展開した実践には、本当はそれまでの困難が大事だったかもしれないのに、ついつい、そこのところをなかったかのように語ってしまいたくなるから、これはやっぱり聞いてみようと思い、「保育者間で温度差なんかはありませんでしたか」と聞いてみた。

寄せてくれた回答を全部紹介するのは、紙幅の都合でできないのだが、温度差というよりは、差異があり、その差異をなくすよりは、有効にしていく努力があったということは確かなようであり、そのあたりのことを少し紹介しておきたい。

＊三人の関係を支えた「オープンマインド」

平野さんにとっては、記録をとること、話し合いにこだわること、子どもたちのどんなことばも切り捨てないこと、こういった原則を神永さんに言われて、「どういうこと？」という疑問が最初は大きかったようである。そんなとき、違和感をもちながらも、だまって聞いてしまうと、なんとなくわかったようなわからないようなままで実践が進んでしまうのだが、平野さんはどうしたのだろうか。

四月の始業式から学年での話し合いに取り組みました。進める前、進めながら、一日が終わって、と保育者間で時間を見つけては多くを語ったように思います。また、神永がいろいろな文献を紹介してくれ、少しずつ「対話」「記録」「必要感」「要求の拡大」などのキーワードが、子どもの現状と今の取り組みとにつながっていきました。

一人はすでに知識に接しつつあり、他の人は「？」を頭のなかに浮かべながら、話し合いをしていくことは、口で言うほどにはなまやさしいことではないと思う。実際、日常的に、話し合いをしていても、なんとなく遠慮してしまったり、わかったような感じでうなずきあって終わることも、私たちにはある。その危険を含みこみながら、話し合いを継続し、同じ知識を共有する努力が、ここにはあったことがうかがえる。この状況を支えたものは、「オープンマインド」であったと、神永さんはふり返る。互いに率直に話をすることが、刺激になったり、理解を深める要因になったようである。

クラスの枠を超えて同じ思いで保育ができたのは、三人の五歳児担任が互いに「オープンマインド」でいられたからではないかと思います。オープンマインドでいられれば、多少温度差があってもある程度言い合う（わからなければ「わからない」。受け入れられなければ「変だよ」と）ことができます。かえってその温度差がよい刺激となり、伝えよう、わかってもらおうと努力したり、理解しようと努力したりするのではないかと思います。

部外者の私から見ると、「オープンマインド」であることとは、心構えの問題であると同時に、実践を通してつくられていく部分もあるのではないかと思う。こういったことには、保育者同士のつきあいの延長にある信頼感も作用するし、相性の問題も無視できない。しかし、そのうえでなお、率直に話し合いをしようとするときには、努力が必要である。「マインド」として率直であるだけでは、そうであり続けることはむずかしいのではないだろうか。おそらく、時間をかけて、メンバーそれぞれが実践のなかで、今やっていること、その方法などに納得していったときはじめて、率直に何かを伝え合ったり、過去の自分や仲間に対して率直な反省をしたりすることが、必要になり、容易になっていくのではないかと考えられる。

＊理論と実践が結びつくとき

平野さんは、「本当におもしろさを感じてきたのは、十一月のカッパギンナンの頃かもしれない」という。そうするとそれまで、話し合いを継続し、学びを継続しながら、一方で疑問に思ったり、どうもすっきりしない思いを抱えながらがんばったという時期があることになる。淀縄さんは、保育記録をとり、起こす作業を担っていたのだが、彼女もまた、最初は疑問が多かったのではないかと神永さんは言う。じつは、カッパの手紙を書く役割も彼女が引き受けたのだが、最初は手紙の原稿をほしいと言っていた。しかし、途中からはカッパになりきって墨の手紙をしたためていたらしい。話し合いや勉強を続ける一方で、保育者として目の前の子どもたちとの生活のなかで、理論が実践と結びついてくる地点が来ないかぎり、「わかった」ことにはならない。そうした変化の前後の両方で、「オープンマインド」であり続ける努力が重要だったのではないだろうか。

4　要求のことばを聞くために――「待つ」こと

＊子どものことばを切り捨てない

子どもとの対話を十分にしながら、必要感のある活動をつくっていく。そのためには、子どものことばを「聞く」ということが不可欠であることは想像にかたくない。では、この保育者たちにとって、子どものことばを聞くとは、どういうことだったのか。神永さんによれば、その出発点は、「とにかく、子どもたちの言うことを切り捨てるのはやめよう、何か意外な発言に、『まあ今回は、その話はおいといて』というようなやり方はやめよう、というのを基本にしました」というところにあった。

「切り捨てない」ということは、大変なことである。それどころか、単に「聞く」ということ自体、むずかしい。

ミヒャエル・エンデは、児童文学『モモ』（岩波書店、一九七六年）のなかで、「聞く」ことを、主人公モモの特別な才能として描いた。モモという浮浪児には、友だちがたくさんいる。

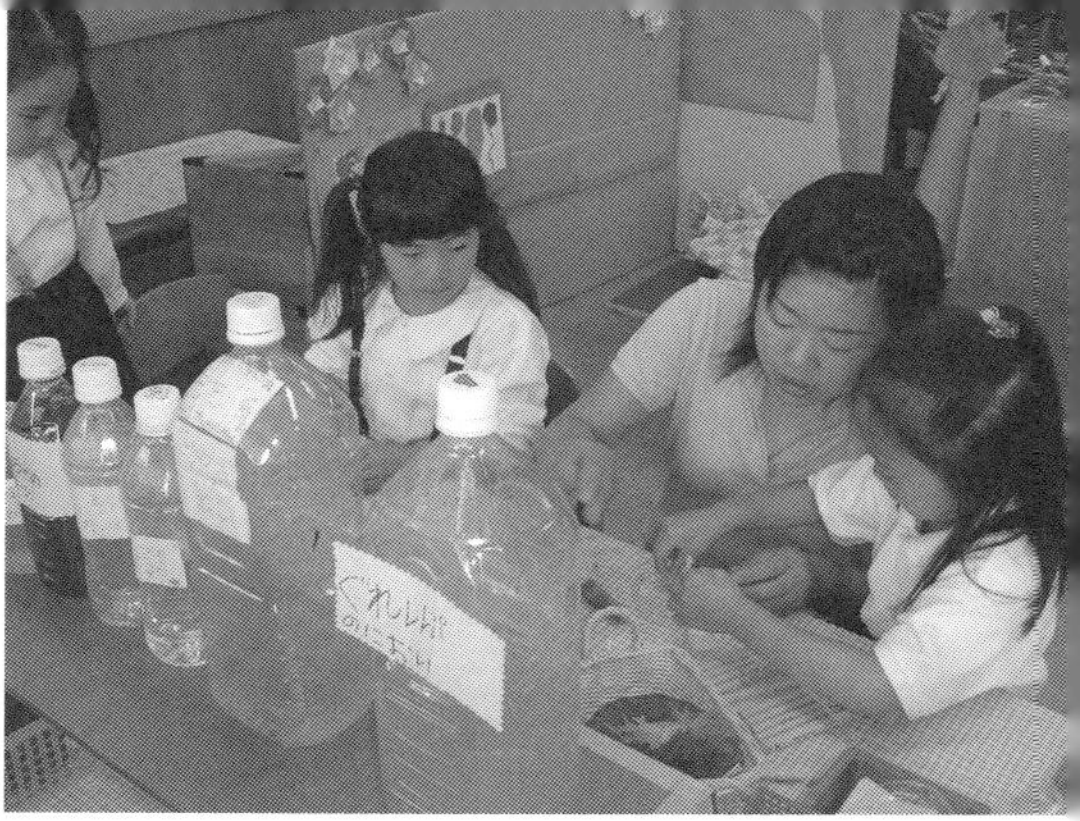

それは、彼女が時間をかけて、広い円形劇場跡で、友だちの話に、全身で耳を傾けるからだという。だからこそモモは、現代人を忙しい日常へと追い込む「じかんどろぼう」の敵となってしまうのだが、ひるがえってわが身を考えてみるとき、時間と空間を十分に割きながら人のことばに耳を傾けるのは、簡単なことではない。

保育の場面は、条件によって程度差があるが、子どもたちのペースを大切にした保育をこころがけたいと思っている保育者は多いし、その意味では、現代社会の他の場所よりは、時間がゆっくり流れている。子どもたちのことばを受けとめることは、いまや理想としては、常識になっている。しかし実際には、子どものことばを聞く余裕のない保育が行なわれているケースも多い。

＊効率を意識せざるをえない教育環境

これは、広く保育と教育の現場そのものが抱える、構造的で恒常的な問題である。なぜなら、すべての子どもたちを専門の施設に集めて教育を施そうとする近代の教育システムそのものが、効率のよさを条件として成立してきたからである。効率よく教育を行なうためには、素早い行動が求められるから、子どものペース

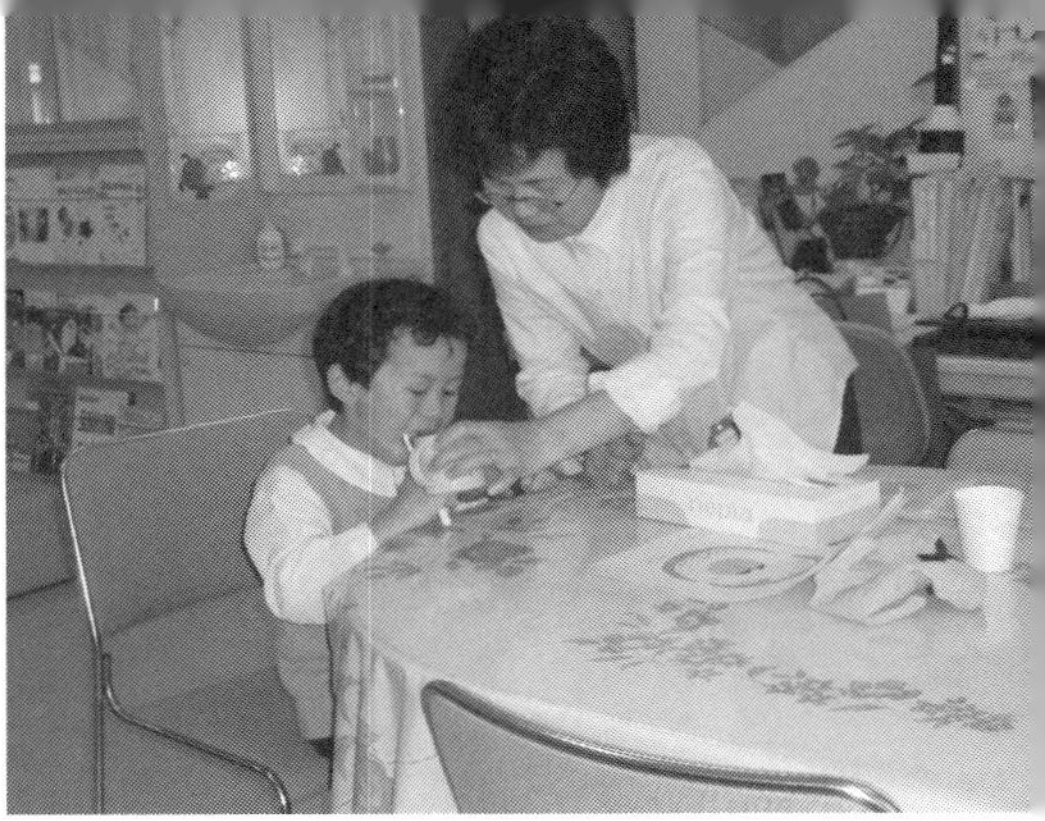

を大切にするというわけにはいかない場合も多い。また、効率を最大にするためには、正答を子どもにみずから言わせることこそが肝要となる。生徒の主体性は、効率を優先する教育現場で切り捨てられるのではない。効率を優先するためにこそ、子どもたちが主体的に正答へとたどりつくことが求められる。なぜなら、それによって、その主体的態度と正答の内容との両方を身につけることが容易になるからである。実際に効率最優先で保育をすることなど論外としても、一方で、今の保育の状況では、私たちは効率を意識せずにはいられない。保育者・教師一人あたりに対する子どもの数を見ても、それは明らかである。だから私たちは、「主体的に」発言される「望ましい」内容に耳を傾けざるをえない。モモのように、「無心に耳を傾ける」時間や空間、人的環境は、残されていないのである。

＊「待つ」ことで「聞こえてくる」

こうした困難は、残念ながら、この実践においても同様である。年長児担当は三人だったが、二クラス合同の話し合いをするとなれば、それが話し合いとして機能するには限界がある。そうした条件下で、この保育者たちは、徹底的に子どもの要求、子どものことばが出てくるまで待つことにこだわろうとした。

たとえば、池づくりの記録（第3章一一一頁）を読むと、子どもたちが池の存在に気づくのを、保育者は、長い間待っている。さとしくんが泥だんごのひびを補修するために池の残り水を使ったときにすら、一言かけられない。さとしくんに、自分で気づいてほしいから、「どうして気づかないの〜!?」と心の中で叫びながら、待ってしまう。ぐっとことばをこらえて、不安もおさえて、「待ち」に徹するのである。

こうして待つのは、子どもたちの要求そのものが高まることを待ち、保育者の押しつけや仕向けを避けようという思いからである。じつは、そもそも池をつくり直したいという希望は、保育者のものなのだから、「子どもの思い」にこだわるのは、むずかしいことではある。後からふり返って考えれば、実際にここで、子どもの要求を誘い出すことに徹するよりは、始まりの部分ではストレートに提案して、その後の展開のなかで、子どもの興味をどのように発展させていくかということを考えたほうが、やりやすかったかもしれない。しかし、保育者たちは「待つ」ことに徹した。記録を読んでいくと、結果的に一つひとつの活動は、子どもたちのことばをきっかけにして始まっていったとはいえ、必ずしも簡単に活動が展開したわけではなく、行きつ戻りつする過程が見える。その間、「待つ」ということを通してどこへたどり着くのか、見通しが立たない不安感も、こころなしか感じられる。

けれども、姿勢として、子どものことばを「待つ」その誠実さは、子どものことばが「聞こえてくる」状態へとつながっていったといえるのではないだろうか。てつおくんが池の水が減ってしまうことに気づいたとき、保育者はそのつぶやきを見逃さなかった。待つ期間が、保育者の「聞く」アンテナの感度を上げていたのである。もっとも、このとき、保育者は、聞きたかったことばを聞き取ったにはちがいない。結果的には、期待していたことばをきっかけに活動を始めたことで、子どもたちのなかに必然性が意識されるまでには、もう少し他の要素や時間が必要であった。しかし、保育者が期待していたことばを誘導し、選択する場合とは異なるものが、ここにはある。それは、何かが出てくるまで息をひそめて聞き耳を立て待ち続けていた、その緊張感である。てつおくんのひとことは、長いこと待ち望まれていた。そこに、活動を子どもたち自身のものにしていくことのむずかしさがある。この、保育者のものではなく、子どもたちのもの、「彼らの」ものとして活動を構成していこうとする徹底ぶりが、この「待つ」時間には見て取れるのである。

＊子どもたちの相互対話能力の成長

こうしたプロセスは、子どものことばを基盤において活動をすすめること、子どものことばを待ち、子どものことばを聞くことそのものが、当初保育者にとって明確に理解されていたのではなく、実践のなかで手さぐりしながら、そのあり方を学んでいったのだということを示している。そうして不安な状態を何度もくぐり抜け、活動が進んでいく実感がつかめたからこそ、次のことばが、保育者から出てくるのだろう。

からぶりもあるけれど、つぶやいたり、投げかけたりしながら、あせらずやっていくことで、（活動が）子どもたちのものになる。（平野）

子どもたちの話し合いをリードする場合にも、やはり、ことばを「聞く」ことは、緊張感を生み出す。平野さんにとっては、当初、話し合いのなかから「どのことばを拾おうか」ということが、大きな問題だったという。「どのことばも切らない」という方針であっても、実際、結論にたどり着くためには、なんらかの方法で意見を「切る」必要がある。決定とは、他の選択肢を捨てることにほかならない。子どもたちのことばのなかから、話し合いを展開し、結論をつくっていくことへの緊張感が、このことばには感じられる。

しかし、そうした緊張感は結果的には解消され、話し合いはもっと楽になっていったようである。

四月と三月の話し合いでは、全然違うんですよ。話し合いのありかたが変わる。四月は、

（話し合いのときには）何（のことば）を拾おうか、と思っていたんです。けど、いじわるな投げかけを積み重ねていくなかで、反論を、子どもが自分たちどうしでできるようになってきたんです。

保育者は、ここで、子どもたちの相互対話能力の伸びを見取っている。子どもたち同士が、知恵を出し合い、互いに賛成したり、否定もしたりしながら、討論を成立させていく能力を、一年をかけて身につけていっていることがわかる。

＊実践を通して保育者も話し合いの技術を学ぶ

しかし、その一方で、ここには保育者の学びも見られる。それは、ひとつは、話し合いの技術の学びである。「いじわるな投げかけ」と表現されている方法は、保育者が心がけていくなかで、保育者にとっても、子どもたちにとっても、話し合いの方法として身についていったと考えられる。

この「いじわるな投げかけ」は、話し合いだけでなく、さまざまな場面で発揮される。具体的には、「ほんとうかなあ」「どうだろう」「でも〜の場合もあるよ」というかたちで表現される。たとえば池づくりのなかでは、「生き物はいるのかなぁ」（一四〇頁）「ほんとかなぁ……？」（一四二頁）といった問いかけの他、「今のままでは無理だろうね」（一二七頁）といったことばが見受けられ、それらによって、子どもたちが関心をもったり、疑問を大きくしたり、俄然危機感を強くしたりしている。「いじわるな投げかけ」は、このように、反語として刺激的であるばかりでなく、彼らがすでに持っている知を再検討し、問題の解決へと向かう方法でもある。たとえば、ウサギ当番を決める経緯のなかで、誰もエサを持ってこなくなったとき、保育者は、「大変だよ」と子どもたちに知らせるのだが、「大丈夫だよ。草を摘んであげれば」という応えが返ってくる。「じゃあ、毎日誰ももってこなかったらどうする？（保育者）」「毎日、草とってあげればいい（子）」「誰が？（保）」「誰かが（子）」「誰もやらなかったら、どうするの？（保）」と、かなりしつこいやりとりが続くのだが、このとき食い下がる保育者の発問は、子どもの持っている論理（「草を」「誰かが」やればよい）に対して、「本当にそれでよいか」という再検討を促すものである。それは、ウサギにとっての、文字通りの死活問題であり、その意味で真剣にならざるを得ない問題なのだが、子どもが今持っている考えを確認し、検討を促し、解決策を考えていく基盤になるのが、「でも、もし〜の場合は〜？」と返していく、このやりとりなのである。

保育を続けるなかで、すべての話し合いが、こうした切迫感をもったり、知の検証という側面をもつわけではない。しかしながら、こうしたやりとりをくり返すことで、子どもたちは、話し合いは、意見を出し合うだけでなく、聞き、検討し、アイディアをつくっていくことであるという体験をすることになる。そして、同時に保育者もまた、成熟した討論の手ごたえを学んでいるのである。こうしてみると、「聞く」ことは、保育者がそれを徹底することを通して、「聞き方」の学びへとつながっていくといえる。一年がたち、三月には「何を拾おうか」と思わなくなったのは、こうして話し合いの仕方が成熟すると同時に、保育者が拾い上げるべきことばが「聞こえてくる」ようになってきたからにほかならない。

しかし一方で、徹底して子どもの声を聞く、という方針は、活動を複雑にした側面もあったと思われる。たとえば、「カッパギンナン」の実践（第1章）では、ポップコーンをつくって売ってお金にして新潟に送るために、その元金づくりとしてギンナンを売る。しかし、それでできたお金を元手にさらにお金を増やすという経済活動は、五歳児の能力としては混乱が生じる部分もある。他の先生たちも「どこまで続いていくのかな、と思いながら見ていました。よくぞやったなという感じです」「体力的にも大変だろうなと思いました。盛り上がっているからつきあっているという感じの子もいましたし、サポートする大人も、子どもたちも大変だったと思います（養護教諭）」という目で見ていた。平野さん自身、子どもたちの話し合いで決まったことだから、途中で切らずに実現したいけれど、能力的にはむずかしい、というところで、どこまで子どもたちの思いを大事にしていったらいいのか悩んだ、という。そういう意味では、子どものことばを聞くという原則は、時に応じて変更が求められるのだろう。しかし、「聞くこと」や対話すること自体が、それにこだわることで保育者が学んでいくものなのだとしたら、多少の凝りすぎは、避けられない道とも考えられる。

5　聞き、語ることの意味

インド系アメリカ人であるスピヴァクは、『サバルタンは語ることができるか』（みすず書房、一九九八年）という著書のなかで、従属的階級にある人々の声は、けっして他者に聞き取られないということを問題にしている。残念ながら、第三世界の従属階級の生の声は、私たちが注目しないばかりでなく、言語も共通していないし、それ自体非論理的で、政治を動かす力はおろか、第一世界の人々を説得するだけのまとまった話にすらならない。一部の知識人や運動家は、彼らの声を代弁することはできるけれども、その作業は、第一世界の人々に理解可能な形に翻訳し、書き換えてしまう危険を常にはらんでいる。だから、従属者の主張や彼らの存在自体は、誤解されたり、否認され、あたかもそんなものは存在しないかのように考えられたりしてしまう。そうした状況は、主張が通るかどうか以前に、存在を認められているかどうかという問題、人間存在の基盤に関わる問題なのである。

ひるがえって、私たちの日常を考えるとき、そうした否認は、けっして第三世界の従属階級のみの問題ではなく、日常的に私たちにも起こり得ると考えられる。私たちは、子どものことばを「聞く」といいながらも、大人の論理のなかだけでそれを解釈する危険性といつも隣り合わせである。あるいは、子どもたちのことばのなかから、あるものを拾い、他を捨てるなかで、子どもたちが主張をもつ存在であること自体を無視してしまうことも起こりかねない。意見を聞き取られることは、意見をもつ存在として認められることである。そう考えたとき、語り——聞き取られる関係を育て、体験することは、子どもたちにとって、基本的な存在を支える体験であるといえる。

子どもたちと保育者が、意見を出し、時に肯定したり否定したり、新しいアイディアを出したりしながら、互いにことばを聞き合い、語り合うことを体験するということは、保育段階に固有に重要というよりはむしろ、人生のどの段階においても大切な、人間の存在を保障する営みであるといえる。残念ながら、そういった体験は、多くの場合、長い学校生活のなかで、減らされてしまうけれども、保育者と子どもが互いに、対話のあり方そのものを探ろうとしたこの実践は、その現実に対して、課題を投げかけるものなのではないだろうか。

6　要求のことばを聞くために――実践記録をとること

＊明日の保育につながる記録

子どものことばを聞くために、五歳児全体を三人の保育者が担当し、そのうちの一人である淀縄さんは、記録をとる中心となった。記録は、ビデオ記録、音声記録や、メモが使われた。保育実践記録をとること自体は、そう珍しいことではない。しかし実際、記録のために人員を配置するのはむずかしい。そこで、そうまでしてとった実践記録について、どう感じているかということを、保育者たちに聞いてみた。

記録を再生してみると、実際保育中には耳に入っていないことがわかるんですよね。子どもたちの話し合いの司会をしていても、みんなの話を聞こうとはしているんだけど、聞き落としていることがある。記録によって、ああ、○○ちゃんは、こんなことを考えていたんだ、という発見があります。それに、子どもの言っていることが、よりわかるというか、子どもたちの

ことばをもう一回聞くと、違うことを感じたりします。

保育者は、一年を通じて、本来ならば、保育者の耳に届かなかったはずのことばが、記録を見直すことによって、耳に届いてくるという実感を得てきた。さらに彼女たちは、記録によって、保育者の「つもり」が書き換えられることを指摘している。人間の会話は、その場でよく吟味して行なわれるわけではない。だからこそ、思わぬ展開があっておもしろいというメリットがそこにはあるが、内容ややりとりを再検討する段になると、思うようにはいかないというデメリットもある。当たり前のことだが、音は消え去り、証拠が残らないものだから、ある印象や解釈だけが残り、正確にはおぼえていない部分もあるし、記憶の塗り替えが起こることもあるので、再検討するのはむずかしいのである。記録文書は、音として消え去っていくはずのことばを固定し、時を止めることによって、その再検討を可能にする。またそうすることにより、実際には起こらなかったこと、思っていなかったことの可能性を考えることも可能になる。こうした再検討は、明日の保育の可能性につながる。たとえば、子どもがもう少し違うことを考えていたのではないかと考えれば、これからやろうとすることや、呼びかけ方、アイディ

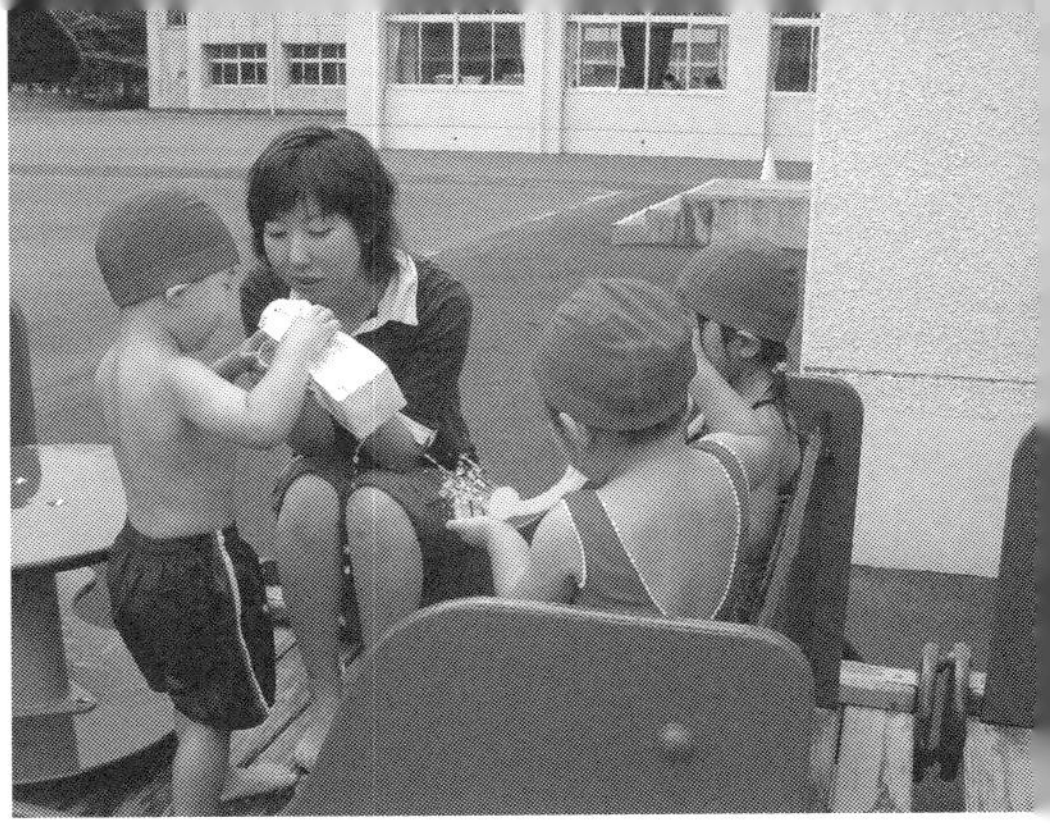

アが変わってくるかもしれない。聞き流してしまったことばに着目すれば、別の活動を思いつくこともある。

＊自分たちの実践に対する客観的な視点が生まれる

さて、記録によって子どもたちのことばをより多く聞き取れたとしても、実際の活動の最中に、保育者が子どものどんなことばを取り上げ、どれは取り上げないのかという選択はその場で行なわれる。そして、記録係、司会係、話し合いに参加するポジションそれぞれで、耳に入っていることばは違うまま、保育はすすんでいく。

司会によって、活動が変わるんですよね。誰が司会をするかによって、あ、そんなことを考えていたの、と（司会の保育者に対して）驚くこともあるし、あー、そのことばを取り上げるんだー、と思うこともある。

保育者同士が打ち合わせをしていても、やはりイメージしている保育が異なることもある。それに加えて、子どもたちのことばを基盤に保育をすすめていくわ

けだから、互いに思ってもみない方向に進むこともたびたび起こる。そのとき、子どもたちのどのことばをとらえ、どういった方向に活動を進めるかということに、保育者は敏感にならざるをえないのである。

それに加えて、記録をとることが、今日の保育がどの方向に進んだのか、保育者はそこにどのように関与したのか、ということにたいして、保育者を敏感にするといえるだろう。さらに、第三の目でとった記録には、保育者の働きかけ方そのものも残されるため、自分たちに対して客観的にならざるをえないという事情がある。保育者が、保育をしながらメモをしていく場合、視点は保育者の側にあり、見られる対象は、圧倒的に子どもたちになる。しかし、保育当事者以外の目、つまり第三の目によって記録される場合、観察の視線は保育者にも向けられるから、否が応でも、見られる対象のなかに、保育者は必ず含まれてしまう。そのため、記録は、保育者自身への相対的な反省を促す契機となる。保育者の「その日に誰がすすめるかによって進む方向が違う」ということばは、記録のための人員を割いたことと無関係ではなく、保育者自身への相対的な、かつ相互的な反省が促されたことを物語っている。

一方で、そうした保育者相互の違いは、違和感としてではなく、むしろおもしろさ、興味深さとしてとらえられていたようである。神永さんは、「最初の頃は、話し合いの結末が『そうなるか……』と思うこともありましたが、それもまた、意表をつかれたというか新鮮というか……でおもしろかったです」とふり返っている。そうして違いを楽しむことが、複数で保育を進める際には不可欠であろう。子どもたちどうしに、差異を認め合い、話し合いを深めていくことを望むなら、大人たちどうしにもまた、そうした態度が望まれる。そして、その「楽しむ」ということこそが、より広い発想や、深い学びを生むのである。

7　保育者の学びと知的興奮

＊保育者のイタズラ心

　保育者は、子どもたちに対して、あれこれとイタズラを仕掛けたようである。とくにカッパからは、時々手紙が来たりして、どうやら幼稚園の池の様子まで見張っている、千里眼のカッパだったらしい。子どもたちが、ギンナンのブランドとして採用したカッパは、宿泊保育と池づくりの両方に関わって誕生した。一年を通して、彼らはカッパとともに生きたわけだが、よく考えてみると、合宿先で出会う相手なんて、そんなに凝った相手でなくてもいいような気もするし、大体、子どもたちは毎年、初めて合宿に行くのだから、相手はトトロであり続けたって、子どもにとってはつまらなくも何もないはずである。にもかかわらず、保育者たちは、毎年トトロじゃつまらない、と考えた。

　カッパについては、最初は本当は異論があったようである。淀縄さんは、「え、カッパ？怖いんじゃないの？」と思ったという。案の定、カッパは不幸にも子どもたちからおおいに不評を買う。再三の出現により子どもたちはカッパ慣れしていくわけだが、その間、美術館長の助力などがあったことはすでに見た通りである。

それにしてもどうして保育者は、こうしたイタズラ心を起こしてしまうのだろう。もっとおもしろいもの、もっと新しいものを求める保育者の気持ちは、保育に対してどういった作用をおよぼすのだろうか。

考えてみると、教育機関というところには、極端に笑いが少ない。ある意味では、子どもたちの笑いがあふれている場所ではあるのだが、保育者や教育者が、保育・教育現場で笑うことの積極的な意味について、私たちはあまり真剣に考えてこなかったようである。

＊子どもたちの生活に根ざしたファンタジーへ

しかし、一方で、保育者・教育者は、何かしらイタズラや笑いを求めて、さまざまな仕掛けをしてきた。そうしたイタズラや笑いは、ただの一時的な笑いを誘う場合もあるけれど、一方で、長期的に共有されるファンタジーとして、子どもたちの生活に根ざしてきた実践も少なくない。そうした一過性ではないイタズラは、子どもたちの生活のさまざまな場面と、ときには計画的に、ときには保育者や子どものひらめきによって結びつきながら、ある見通しをもって続けられているといえる。

しかし、イタズラやウソの物語は、一方で、何かを目的にしているわけではないし、別のことをすすめるための手段としてのみ生まれるわけでもない。といってもこのカッパは、池づくりの気分を盛り上げるために何度か利用されたのだが、それでもカッパがカッパとして生き延びるためには、カッパ自体を楽しむ気分が不可欠であり、無目的的な側面が強い。その意味では、こうした架空の存在は、どこに向かって進むかわからない、オープン・エンディッド（結末が開かれている）なものである。そのため、活動は常に、多様な方向に広がり得るし、子どもたちの自由な発想へとつながり、子どもたちのものになっていきやすい。ちなみに、このカッパは、あるときちょっとかわった手紙を寄越した。普段は墨で手紙をくれるのに、あるとき、紫のマジックで手紙を書いて寄越したのである。「ぼくのところにカッパから手紙が来たんだよ」といってその手紙を見せた子どものそばには、なぜか、紫のマジックが落ちていたという。

＊「楽しさ」と「真剣さ」と

そういった「遊び」の気分は、たんにふざけている気分ではあるが、時としてそれは、興味が湧いている状態でもあり、真剣になっている状態と重なる場合もある。楽しいものだけでなく、何か珍しいもの、新しいものには、人を真剣にさせる力がある。たとえばカッパに会いに行くことを思いついたとき、保育者たちは、ちょっと新しいものを、という思いだったかもしれない。しかし、「カッパをばかにしちゃいけない」などと言って、カッパについて調べていくと、意外な専門家に出会ってしまう。その過程は、大人にとっても、楽しさと知的興奮が入り混じった「おもしろい」世界との出会いなのだが、そうしたおもしろさは、子どもたちにも共有されていく。ここでは、小川芋銭のカッパの絵が、子どもたちのカッパに対するイメージを、現実的《リアル》な文脈にひきつけたために、半信と半疑の間を行ったり来たりする知の興奮を、子どもたちも味わうことになった。

　大人であれ子どもであれ、新しいものごとに出会い、わかっていくことはおもしろい。イタズラやウソの世界だけでなく、新しいこと、たとえば小屋を建てるために新しい知を得ていく興奮、虫のことがもっともっともっとわかっていく知の興奮、そういったものは、本質的に、大人にも子どもにも共有され得る。

　この実践全体を通して、そうした興奮が、共有されるように、工夫された。子どもたちの活動は、それぞれ、やりたい人が参加することを基本としており、クラス全員で取り組んだものは少ない。そのため、子どもたちが友だちの活動を共有できるように、その一連の経過の記録が写真や文章、新聞の切り抜き、手紙、その他さまざまな形で展示された。子どもたち自身も、「タニシ研究所」など、活動成果を展示発表していった。こうした展示によって、子どもたちは、活動そのものに参加するというやり方だけでなく、活動について読んだり眺めたりするというかたちでの参加も可能になったといえる。結果的には、ものごとに興味を示さないように見受けられた子どもでも、気がつくと一緒に活動に参加していることもあり、何にもひとつも参加しなかった子どもはいなかったようである。また、この展示に関しては、共有というだけでなく、子どもたちが自分たちのやってきた過程をふり返り、意味を考えることにも役立ったようである。

*子どもたちを揺さぶる知的興奮を保育者も共有

カッパが登場する一連の実践は、ちょっと目先を変えてみよう、という保育者の発想から始まったものだし、それ自体、時に散発的な部分もある。しかし、それが知的興奮へと転化していく背景には、保育者自身の学びがあったと考えられる。

保育者自身が「遊び」の気分と知的なおもしろさが混じり合った領域を体験することは、保育者が子どもたちと、遊びと知性の入り混じる気分を共有するパートナーとなる可能性を開く。池づくりや小屋づくり、ハチをめぐる一連の活動においては、「遊び」の気分という要素は少なくなるけれども、保育者の学びは、やはり、子どもたちと知的興奮を共有することをうながすだろう。また、保育者が外部の専門家（美術館長、建設業である父親、環境アドバイザーなど）から学ぶことで、これまでとは異なる活動の見通しをもつことが可能になる。

このように考えると、新しいこと、おもしろいことに対する興味が、子どもたちのなかでふくらんでいくような保育を展開するためには、保育者自身がもつ、ものごとをおもしろがる心や、興味が広がっていくような学びというものが、重要な役割を果たすといえるだろう。

8　真剣なおとなたち

子どもであれおとなであれ、新しいことに挑戦したり、存在さえ意識したことのなかった分野について知ることはおもしろい。子どもたちが、普通の園内で自由にする遊びを越えて、何かすごいことをやろうとするとき、それは保育者にとってもまた、未知なる領域となる。保育者も教育者も、保育や教育の専門家ではあるけれど、ある具体的な活動についてのエキスパートではないからだ。そういった新しい活動は、保育者にとっても、勉強して準備しなければならないことになるし、場合によっては、保育現場の外部の世界、とりわけその道の専門家とコンタクトをとることが必要になる。その点について神永さんは、「外の力を借りることの大切さを感じました。いざというときどこに頼ればいいか、という情報の蓄積が大切だと思います」とコメントしている。

一年間の取り組みのなかで、この保育者たちは、何人かの外部の人々に援助を要請することになった。例えば、海賊小屋をつくる際に子どもたちを助けてくれた父親、園と関わりをもったこと（園の教員研修のために来園していた）をきっかけに、ハチについての手紙をくれた先生、池づくりの際に基礎を見に来てくれた環境アドバイザー、カッパについて教えてくれた学芸員などである。

こうした大人たちは、思いのほか、真剣にていねいに、幼稚園と関わってくれたようである。それは、けっして保育者としての視点からではなく、むしろ専門家として、精一杯の返答をする、といった感じが強い。不思議なことに、保育者と子どもが、新しい知の興奮に出会っているその瞬間に、専門家たちは、真剣に立ち会っているのである。

そうした真剣さは、園内で出会うことはむずかしい。それは、「本物」をつくったり、関わって作業している生活は、園の外にあるからだ。子どもたちにとって、そうした「本物」の世界との出会いは、価値あるものであり、彼らは真剣に向き合う。「ごっこ」よりはもう少し「本物」っぽい何かを求める年長児たちにとって、そのおもしろさは、無類のものである。そして、保育者の学びは、そうした世界を学び、その世界と園を結ぶ扉を開け、子どもたちがその扉をくぐろうとするときに手助けをしながら、共に学ぶ際のパートナーとなることへとつながっていくのではないだろうか。

9　翌年度の課題

＊「対話的保育」にまつわるむずかしさ

こうした五歳児の生活に対して、他の学年の保育者たちは、どのような感想をもっていたのだろうか。

活動が発展し、複雑化していくのをみて、ある保育者はまず、「どうしてこんなに広がっていくんだろう」と思ったという。他の保育者は、年長児以外の子どもたちの動線を、年長児の活動に近づけ、今度は何が始まるんだろう、と楽しみにしていた様子も語られた。その一方で、どうしてこの活動が必要なのだろう、という疑問もあったように思われる。ギンナンを拾いながら、「地震さえなければ、くさい思いをしなくて済んだのに」というつぶやきを記憶していた保育者もいる。

年中児の担当保育者の一人は、「来年自分が五歳児担当になったら、焦るだろうな、自分だったらどうするだろう、と思っていました。活動を通して成長は感じられましたが、その評価を人に伝える、たとえば小学校との接続を考えるときに、小学校にどのように伝えられるのだろう、とも思いました」と、この実践を続けるむずかしさを表現してくれた。同じ園のなかでも、ある活動の意味が共有されることは、むずかしいということがわかる。年長児担当の三人が、当初味わった「待つ」「聞く」ことに関わるむずかしさを考えると、実際誰もがこうした実践に挑戦することのむずかしさは、想像にかたくない。またこのむずかしさは、保育とは何をすることなのか、何をしているのか、ということを外部へと伝えていくむずかしさと深く結びついていることを、このことばは示唆している。この実践の有効な方法も、期待される効果も、簡単には明示されない状況のなかで、この点は、今後の課題となっていくだろう。

この実践の次の年度にも、年長児の活動を、子どもとの対話を基盤とする、かれらの必然性にもとづいた、共同でつくるカリキュラムを、という方針で続けるという。しかし実際には、具体的に活動をどのように進めていくかという点で、見通しを立てることは、前年度以上にむずかしい。インタビューに応じてもらったときには四月だったので、子どもたちのつぶやきをたんねんに拾おうとしている段階にあった。その意味では、未だ未知数の可能性も秘めているわけだが、園内に残された池や、タニシ研究所が新年長児の目にふれ、保育者の目にも触れるなか、まったく新しい活動が始まるのか、前の年度の活動がモデルとなるのか、という問題も残されている。新しいことに取り組むことが、子どもたちにとってだけでなく、保育者にとっても重要であることは、すでに見てきたが、そうした視点から考えると、前年度の活動からいかに自由になるかというのは、非常に重要なテーマとなる。

＊この年の、このメンバーでつくっていく活動

こうした課題を意識させられる場にいるのは、淀縄さんかもしれない。彼女は再び年長児担当となった。一年間の体験が大きな学びになったという感想をもつ一方で、一度体験すれば、次にはもう少しうまくいく、というわけではなく、子どもたちのことばと思いを拾っていくことのむずかしさに改めて気づくことが多いようである。

今年も記録をとっていると、一人ひとり違うところに意識があり、気持ちや要求があるのだけれども、どうやってそれに気づいていけるか、というのはプレッシャーになっています。

年長児担当者は、「今年なりの活動をつくっていきたい」と答えてくれた。平野さんは、今年度四歳児担当だが、あの活動は、この保育者で、あの子どもたちだから、という要素も大きいと考えている。そういう意味ではいつも、この年なりの、このメンバーでの活動をつくることこそが、大事だと考えられる。

同じ園内にあっても、現在、昨年度の実践の評価や方法が、十分に共有されているわけではない。それは、昨年度の保育が閉じた保育であったということではなく、保育者同士で、何をどのように共有していけるのか、という課題と結びつく問題である。保育者間で情報を共有することが不可欠だとしても、情報を共有すれば、保育のあり方そのものが伝達されるわけではないというところに、この共有のむずかしさがあると思われる。たとえば「聞く」ということひとつをとっても、保育者は実践しながら、その姿勢や技術を身につけていくしかない。ことばを「拾う」から、「聞こえてくる」に変化していく実感は、伝達によって想像はできたとしても、それだけで納得できるものではない。そのように考えると、むしろ、ひとつの園内だからといって、すんなりとある実践知が共有され、賛同されることのほうが不自然であるともいえる。その保育者だから、その子どもたちだから、という人的条件が重要なのは、実践を通して具体的なこだわりや葛藤をくぐりぬけることによって、実践知の共有の度合いが変化していくからではないだろうか。

最後に、今後の課題として、こうした保育実践を続ける保育者たちは、他の学年の保育をどのように構成していくか、という問題にも気づいている。年長児における充実した活動が可能となるために、どのように年少、年中の時を過ごしていけばよいのか、という課題である。こうしてみると、年長児の実践が、次の年長児の実践と、他の学年の実践とにどのように結びつくか、という点については、今後の実践の大きなテーマとなるといえるだろう。

（秋山麻実）

おわりに

以上が茨城大学教育学部附属幼稚園年長組で取り組まれた一年間の実践である。子どもたちの「要求」「必要性」と、活動発展の「必然性」を合言葉に展開された一連の実践は、いずれも五歳児の「心地よい背伸び」を保障すべく取り組まれたものであった。一クラス三十二名という条件の中で展開された「対話」には常に困難がつきまとっているし、もちろんこの実践を五歳児保育の典型として紹介したわけでもない。大切なのは保育者たちの試行錯誤の軌跡であり、そうやって悩みつつ実践を切り開いていく、保育者の姿勢なのである。

がそれにしても、ここまで読んだ読者の中には、「それでも」と一言つけ加えたい気持ちがあるかもしれない。

「それでも、一日十三時間も園を開け、時差勤務で何とか回している保育園の現状では、こうやって実践をつくっていくのは困難なのです」

「それでも、明日の保育をどのようにつくっていくか、毎日の保育計画について話し合う時間がないどころか、子どものことすらゆっくり話すことができない現実があるんです。そんな中、どうやって子どもと対話して、『心地よい背伸び』をすべての年長児に保障する実践なんかつくっていけるんですか」

「それでも、二百五十名以上子どもがいないと安定経営できないといわれている私立幼稚園で、こんな実践をする余裕がどこにあるんですか」

私は、それぞれの「それでも」に、やはり重い意味があると考えている。

しかしながら私は、それだからこそ「それでも」と、再度切り返したいのである。それでも、子どもたちだって五歳児にふさわしい「心地よい背伸び」をする権利があるのだと。そしてその権利を保障するために、子どもが育つ条件のほうを変えていかなければならないのだと。

もちろんそのためには、幼児の育ちに社会全体がどのような形で責任をとっていくかという点について、具体的な子どもの姿で語っていく努力を、幼児に関わるすべての保育者が重ねていかなければならないのである。本書で紹介した実践の記録が、そうした議論の契機となっていくことを願ってやまない。

最後に、茨城大学教育学部附属幼稚園の保育者たちの感想を、一言ずつ掲載させていただくことにする。

＊園児たちの「トンボの池」や「カッパギンナン」などの活動が公刊されることになり、これは先生たちの努力はもとより本園における保育と研究の継続性の賜であり、加えて的確

など指導と励ましを頂いた加藤先生のお力により達成されたものと確信している。

尾形敬史（園長）

＊くり返されている日々の生活に、保育者はある種の安心感をもち、さして疑問をもつことなく過ごしています。今回、子どもと対話することの意義を学ぶ中で、「幼稚園くささ」を警告する倉橋惣三先生の言葉を改めて噛みしめました。

山路純子（前副園長）

＊五歳児担任同士よくしゃべった一年間でした。その対話こそが活動を生み出し、継続していくエネルギーになったと実感。子どもたちと同様、教師も心地よく背伸びをしながら学ぶことの大切さを痛感しました。ご指導くださった諸先生と仲間に感謝します！

神永直美（五歳児担任）

＊これらの一年間の取り組みを通して子どもたちが得たものが、今、小学校においてどんな力となっているのだろうか。幼稚園での学びと小学校以降の学びを、なめらかにつなぐ力となっているのだろうか。その先を知りたいと思っています。

平野有佳子（五歳児担任）

＊嵐のように過ぎた一年間。この経験と、そこで得た力を子どもたち自身が自分のものとしてその先にある小学校生活の中で生かしていっていることを信じて、今度は新しい年長組なりのスタンスで活動していきたいと思っています。

淀縄弥生（五歳児担任）

＊恐るべし年長組（六十三人の子どもたちと三人の教師軍団）。言葉にならない子どもの思い

との「対話」を、辛抱強くくり返してきた先生方に敬服あるのみ。はたして年長組の担任になった時、慌てず焦らず諦めずに子どもの可能性を信じて向き合えるか、とても心配……。

橋本祥子（四歳児担任）

＊年長組の子どもたちが、一生懸命に活動している姿を四歳児の部屋からそっと見守っていただけでした。でも、子どもたちのキラキラと輝いている目が今でも印象に残っています。

齊藤由佳（四歳児担任）

＊一つの活動に取り組むなかで、子どもたちから湧き上がる思いを待ちながら長い時間をかけ、見通しをもたせながら継続させた取り組み。教師にとっても忍耐と葛藤の日々だったといえるのではないでしょうか。対話することの意味を問い直すきっかけとなりました。

近藤祥子（三歳児担任）

＊一年かけて子どもたちの様々に向いていく思いと、それを受け止める教師のじっくり待つという姿勢が、カッパや海賊の家や池などの活動を通して伝わってきました。年長さんたちと教師がプレイルームで話し合っている姿がまだ目に浮かんできます。

磯敦子（三歳児担任）

＊蛇行をくり返しながら多くの命を育む川の流れのように、この実践は子どもたちに自分で方法を考え、困難を乗り越え実現する力を与えた。その意味では本実践は人間教育そのも

のであったのではないでしょうか。今は大海へと乗り出した子どもたちを見送る担任の後ろ姿が見えてきます。

笹川まゆみ（養護教諭）

なお本書の第一章部分は、『現代と保育』（第六十一号、ひとなる書房）に執筆したものをほとんどそのまま掲載している。執筆に際して資料として使わせていただいた「実践の記録」は、同幼稚園が発行する『研究紀要　二〇』（二〇〇四年十一月）以外は、子どもとの会話の様子をビデオやヴォイスレコーダーでとり、それを起こした生の記録や、保育者たちのメモを整理したものである。

貴重な「実践の記録」を提供していただいた上に、私たちの勝手な議論の「まな板」の上に、進んでのってくださった茨城大学教育学部附属幼稚園の先生方に、改めて感謝の意を表するものである。

二〇〇五年六月

加藤繁美

執筆者紹介（＊は編者）

＊加藤繁美（かとう　しげみ）

1954年生まれ。名古屋大学大学院教育学研究科博士前期課程修了。現在、東京家政大学子ども学部子ども支援学科教授。著書に『保育の基礎理論』（共著、旬報社、1987年）、『保育者と子どものいい関係』（ひとなる書房、1993年）、『子どもの自分づくりと保育の構造』（ひとなる書房、1997年）、『子どもと歩けばおもしろい』（小学館、2002年）、『子どもへの責任』（ひとなる書房、2004年）など。

秋山麻実（あきやま　あさみ）

1970年生まれ。東京大学大学院教育学研究科博士課程単位取得退学。現在、山梨大学教育人間科学部助教授。

茨城大学教育学部附属幼稚園

1967年６月、２年保育１学級36名で開園。現在は２年保育および３年保育、計５学級（定員160名）を保育。著書に『「出合い・ふれ合い・育ち合う」教育課程』（2003年、明治図書）。

所在地　茨城県水戸市三の丸２－６－８

年齢別　保育研究

５歳児の協同的学びと対話的保育

2005年8月20日　　初版発行

2020年7月30日　　五刷発行

編著者　加　藤　繁　美

発行者　名古屋　研　一

発行所　㈱ひとなる書房

東京都文京区本郷2－17－13－101

TEL　03(3811)1372

FAX　03(3811)1383

e-mail : hitonaru@alles.or.jp
